Das Bürstenballett

An einer Brücke in Kyoto, die über den Fluss Kamo führt, liegt ein sehr altes Bürstengeschäft, das anscheinend von mehreren älteren Damen geführt wird, denn immer stehen andere hinter der Theke, wann immer ich hineinschaue – und das ist ziemlich oft. Mich faszinieren die weit über hundert verschiedenen Bürsten, über deren Verwendungszweck ich oft nur rätseln kann. Mein Japanisch reicht nicht für eine Erklärung aus, also führen mir die Damen abwechselnd den Gebrauch mit möglichst eindeutigen und gleichzeitig eleganten Bewegungen vor: ah, ja, Schuhe bürsten. Den Rücken. Gemüse. Einen Topf. Aber was soll das sein? In kurzen Strichen eine Wand abbürsten? Ein Fenster? Einen Schnurrbart? Auf den Knien den Boden bürsten mit einer winzigen Bürste mit langem Stiel? Ich nenne die Damen mein Bürstenballett und kann nicht genug bekommen. Am Ende kaufe ich eine Gemüse- und eine Topfbürste für mich und einen Haufen Rätselbürsten für Freunde und Verwandte.

Traurig nehme ich irgendwann Abschied, überzeugt davon, dass es ein so reiches Bürstensortiment und die theatralische Vorführung desselben nur in diesem Laden in Kyoto gibt. Bis ich in einer deutschen Kleinstadt, deren Namen ich aus Diskretion nicht nenne, einen alten Bürstenladen entdeckte. Eine überaus freundliche und kurvenreiche Verkäuferin führt mir hingebungsvoll eine Dekolleté-Bürste vor, eine Weinglas-Bürste und eine Bartbürste, und weil sie genauso enthusiastisch bei der Sache ist wie ihre Kolleginnen in Kyoto, lasse ich mir auch noch eine Heizungsbürste, Steckdosenbürste und Jalousiebürste vorführen. Als ich glücklich, aber ohne Bürste (wie viele Bürsten braucht der Mensch wirklich?) aus dem Laden wieder herausfalle, passt mich ein älterer Herr ab, der offensichtlich vor dem Laden gewartet hat. Unaufgefordert erzählt er mir, dass der Besitzer des Ladens ab und zu einen Zettel an die abgeschlossene Tür hängt: Wer Bürsten will, bitte bei meiner Frau klingeln. Bürschten, sagt er auf Bayerisch, bürschten, verstehen S'? Er lacht selig, und als ich weitergehe, wartet er weiter vor dem Laden, um dem nächsten Kunden denselben dämlichen Witz zu erzählen. Manchmal jedoch, wenn ich mit meiner japanischen Gemüsebürste das Gemüse putze, denke ich an ihn und gluckse unfreiwillig vor mich hin.

Erinnerungssplitter

Seit ich denken kann, sammle ich am Strand die smaragdgrünen Glassplitter, hebe sie in Gläsern auf, vergesse sie in Hosentaschen. Immer sind diese glatt geschliffenen Splitter flaschengrün, ganz selten braun und noch seltener blau. Wer auf dieser Welt wirft all die grünen Flaschen ins Meer, die an den Felsen zerschellen und überall an den Küsten antreiben, damit ich sie aufsammle? Sie erinnern mich an die seltsame fröhliche Einsamkeit als Kind, mit der man den ganzen Tag Strandglas gesammelt, Sandburgen gebaut und Muster aus Muscheln gelegt hat. Hoch konzentriert und selbstvergessen. Im Flow. Definition von Glück. Voller Absicht absichtslos. Wie schwer das sonst zu erreichen ist. Wie viel Zen-Meditation und Räucherstäbchen und Sportunterricht und Drogen und Coaching und Atemtherapie und Lachyoga der Mensch glaubt zu brauchen, um genau diesen Zustand wieder zu erreichen, der bei allzu großer Anstrengung in immer größere Ferne rückt.

Meine Strandglassammlung erinnert mich an lange, stumme Strandspaziergänge als Kind mit meinem Vater, wo wir uns näher waren als sonst, an endlose Tage im Wasser, nach denen man sich fühlte wie ein Fisch, und das tolle Gefühl, wenn einem nachts im Bett plötzlich Meerwasser aus den Ohren rann, an traurige Zeiten, wo das Meer tröstete und mir kleine grüne Edelsteine in die Hände spülte und ich mich fragte, wie es wäre, einfach so im Wasser herumzuliegen als kaputte Flasche und von Ebbe, Flut und Kieseln abgeschliffen zu werden, ohne dass man etwas dazu tun müsste, um immer weicher und schmeichliger zu werden, bis einen irgendwann jemand aufsammelt und meint, einen wirklichen Schatz gefunden zu haben. Wäre das nicht ein prima Lebenskonzept? Vielleicht kann ich deshalb nicht aufhören, gebückt in den Sand zu starren und die kleinen Smaragde aus dem Wasser zu fischen, voller Sehnsucht und mit dem klaren Bewusstsein, dass dieses Lebenskonzept unerreichbar für mich ist.

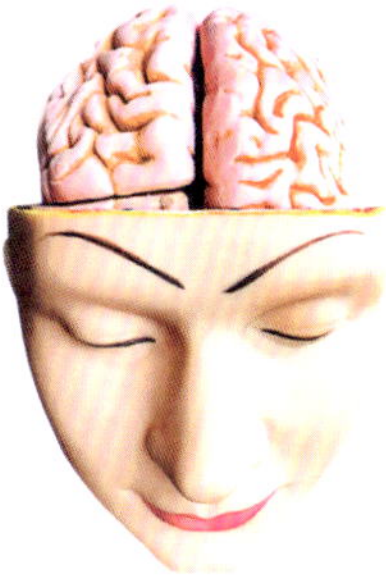

Ein Gehirn

Ich war in den Iran eingeladen, um Filme zu zeigen und zu unterrichten. Aber ich hatte politisch große Vorbehalte und traute meinem eigenen Gehirn nicht über den Weg, denn es ist gewohnt, nicht nur denken zu dürfen, was es will, sondern auch Gedanken laut zu äußern. Die Veranstalter redeten mit Engelszungen auf mich ein, man dürfe doch den Dialog gerade in politisch schwierigen Zeiten nicht aufgeben, und man solle doch bitte ein ganzes Volk nicht nach seiner Regierung beurteilen, und überhaupt: Man freue sich auf mich. Besonders als Frau.

Ha, damit hatten sie mich. Die Reise wusch mir gründlich den (ängstlich vorschriftsmäßig verhüllten) Kopf. Ich staunte über die Offenheit und das riesige Interesse, die Ironie und den kreativen Umgang (vor allem der Frauen) mit all den Einschränkungen, Vorschriften und der staatlichen

Willkür, ich saß fassungslos vor einer sinnentleerten, zensierten Fassung meines Films und freute mich über das Zischen des Publikums an den durch rabenschwarze Dunkelheit markierten Fehlstellen. Ich diskutierte scheinbar frei, im nächsten Augenblick schüttelte ich einem Mann auf der Bühne überschwänglich und gedankenlos die Hand und riskierte damit seine Entlassung. Immer, wenn so viel möglich erschien, war im nächsten Augenblick gar nichts mehr möglich. Kein Klischee über den Iran stimmte, aber das Gegenteil stimmte auch nicht. Mein Gehirn platzte fast. Als ich im Schaufenster eines Ladens für medizinische Lehrbücher das Modell eines menschlichen Gehirns sah, schien es mir die Situation perfekt zu illustrieren. Ich erstand es und trug es lachend unter dem Arm aus dem Laden. Jeder machte Witze: Das Gehirn müsste dringend gewaschen werden. War es ein amerikanisches Hirn, weil doch sehr klein? Oder ein iranisches, weil so tief gewunden? Weiblich, weil so hübsch rosa? Männlich, weil so unbefleckt? Es wurde ein sehr lustiger Tag mit sehr bitteren Untertönen. Am Abend saß ich erschöpft in meinem mit Sicherheit verwanzten Hotelzimmer und prostete mit Traubensaft statt Rotwein aus der Minibar dem Gehirn zu, dieser knuddeligen, unschuldigen Masse, die wir mit uns herumtragen und die wir mit so vielen wunderbaren und schrecklichen Ideen füllen, mit so viel Liebe und so viel Hass. Jetzt steht es auf meinem Schreibtisch.

Der Ersatzkaktus

Dieses kümmerliche Blatt eines Nopal-Kaktus habe ich aus Spanien im Koffer nach Deutschland geschleppt (was wahrscheinlich streng verboten ist), nicht, damit er mich an Spanien erinnert, sondern an Mexiko, Land der Kakteen. Ein Ersatzkaktus sozusagen, der jetzt bei mir nicht auf dem Balkon – viel zu kalt! –, sondern auf der Fensterbank steht. In Mexiko gibt es um die zweihundert verschiedene Kakteenarten, unter ihnen die *saguaros,* seltsame Armleuchter, die *organos,* Orgelpfeifen, und *asiento de la suegra,* Sitz der Schwiegermutter, ein kugeliger, besonders stachliger Kaktus. Mein Liebling ist jedoch der Nopal, der mit seinen ovalen Blättern gigantische olivgrüne Skulpturen vor den stahlblauen Himmel wachsen lässt. Früher fand ich Kakteenliebhaber in Deutschland doof, die verstaubt wirkende Miniaturkakteen in winzigen Töpfchen halten, aber in meiner Sehnsucht nach Mexiko habe ich diesen Nopal in eigens ausgegrabener Erde seiner Mutterpflanze in einer Plastiktüte mitgebracht und gehofft, dass er den Betrug nicht merkt. Zu Hause bräuchte er jetzt nichts mehr als brütende Hitze und ab und zu einen Tropfen Wasser.

Hier aber sieht er traurig aus seinem Topf auf die permanent verregnete Straße und sehnt sich nicht nur nach Sonne und dem mexikanischen Himmel, sondern wahrscheinlich auch nach der richtigen Musik, und in seiner schwarzen Stimmung vielleicht sogar nach den Bäuerinnen in ihren weiten Röcken, die mit der Machete die jungen Blätter abschneiden, die Stacheln rausziehen und Salat aus ihnen machen. Der schmeckt nur in den ersten Minuten frisch, dann zieht er seltsame Schleimfäden, an die ich mich nie gewöhnen konnte. Mein Nopal hat in seiner Depression sogar seine teuflischen Stacheln abgeworfen. Einem Freund, der mal betrunken nachts in einen Nopal gefallen war, habe ich die ganze Nacht mit der Pinzette die Stacheln aus dem Hintern gezogen. Aber was ist ein Kaktus ohne Stacheln? Vielleicht erlöse ich ihn, meinen armen Nopal, schlachte ihn und verarbeite ihn zu Salat. Ich werde Mariachi-Musik hören, während ich ihn esse. Und morgen fahre ich dann meine Stacheln aus.

Mokassins

Immer, immer wollte ich Mokassins haben, denn meine halbe Kindheit lang war ich Nscho-tschi und trug eine schwarze Wollperücke, schlich barfuß durch den Wald meiner Familie beim Sonntagsspaziergang hinterher, bastelte mir Täschchen aus Baumrinde, saß in einem als Tipi verkleideten Zelt und träumte von einem Leben in der Prärie. Nur Mokassins hatte ich keine. Ich konnte sie mir noch nicht einmal wünschen, denn es gab in Deutschland gar keine. Winnetou trug natürlich wunderschöne perlenbestickte Mokassins, die man auf dem *Bravo*-Starschnitt sehen konnte, den ich mir in Lebensgröße an die Wand gehängt hatte. Jeden Abend stieg ich auf einen Stuhl und küsste meinen großen Bruder auf die Wange. Er schaute an mir vorbei in die Prärie, gleichmütig, aber auch voll sanften Kummers, denn es fehlte ihm der rechte Fuß samt Mokassin, da ich dieses Heft nirgendwo hatte auftreiben können. Diese Tatsache beschwerte meine Tage ungeheuer.

Wer weiß schon, warum man manche Dinge tut? Vielleicht erstand ich deshalb viele Jahre später ein Paar ganz besonders reizende Kindermokassins für meine fünfjährige Tochter, die sie aber so entsetzlich fand, dass sie sie kein einziges Mal trug. Der Streit um diese Mokassins wurde zum Synonym für unsere Unterschiedlichkeit. Wieder Jahre später fand ich dann in einem Wildwest-Laden in Colorado endlich meine Mokassins, gefütterte, riesige Stiefel. Sie waren wild überteuert, aber der Verkäufer gab mir als Zugabe ein digitales Zuckerl: Auf YouTube kann ich einer älteren indianischen Dame mit Türkisohrringen in Oregon dabei zusehen, wie sie ebendiese, meine Mokassins näht. Stumm und mit einem leichten Lächeln auf den Lippen sitzt sie in einem mit bunten Decken behängten Sessel und näht Stich für Stich, unendlich langsam meine Stiefel: ein wunderbares Programm, das ich in schlaflosen, kalten Nächten mit den Stiefeln an meinen Füßen betrachte. Zuverlässig näht sie mich in den Schlaf, und meine Füße werden dabei immer wärmer. Schritt für Schritt stapfe, schleiche, pirsche ich lautlos durch die Erinnerungen an mein früheres Leben als Nscho-tschi, an Winnetous fehlenden Fuß und meine Sehnsucht nach einem Leben in der Prärie.

Die zerrupfte Katze

Diese Katze habe ich spätnachts auf der Straße in Istanbul einer alten Frau abgekauft, die inmitten all der Clubs und Bars auf einem Tuch ein paar Habseligkeiten zum Verkauf anbot. Es war kurz vor der Zeit der Proteste im Gezi-Park, als jede Menge Hoffnung über den Köpfen schwebte und sich alles so scheinbar harmonisch mischte: Jung und Alt, Partyvolk und Flaneure, Tanzwütige und Barhocker, Erfolgreiche und lustvolle Versager, Schlaflose und bereits Erschöpfte, die genauer hinsahen und die Zeichen erkannten, als alle anderen noch glaubten, das Rad könne sich niemals wieder zurückdrehen lassen.

Und mittendrin saß die kleine kaputte Plüschkatze mit den blauen Augen und ihrem seltsam zuversichtlichen Blick. Sie konnte schon damals nicht mehr laufen, ihre Beine sind eingeknickt, ihr Fell ist räudig, aber mit ihrem

Blick hatte sie mich sofort erwischt. Mich rührt sie nun seit Jahren Tag für Tag mit ihrer unerschütterlichen Zuversicht. Woher nimmt sie sie?, frage ich mich. Zuversicht ist ein so schönes Wort und eine so schwierige Angelegenheit. Mir scheint, man braucht ein gewisses Maß an Beschädigtsein, um wahre Zuversicht entwickeln zu können. Der, dem noch nie etwas Schlimmes zugestoßen ist und der sich auch nichts Schlimmes vorstellen kann, braucht keinerlei Kraftanstrengung, um optimistisch aus der Wäsche zu gucken. Aber wenn derjenige, den das Leben schon ziemlich verbeult hat, dennoch zuversichtlich schaut wie meine türkische Katze, dann ist das einfach ziemlich tapfer.

Ich nehme mir ein Beispiel an ihr und habe inzwischen eine ganze Truppe Beschädigter um sie herum versammelt: einen alten aufgeplatzten Pinguin, eine Katzenkollegin mit kaputter Pfote, einen Schwan mit Schnabelproblemen. Sie alle ermuntern sich und mich, durchzuhalten. Egal, wie alt und kaputt.

Der japanische Teller

Den Film *Kirschblüten – Hanami* haben wir zum Teil am Fuß des Fuji gedreht. Für die Tanzsequenz mit Elmar Wepper und Hannelore Elsner mussten wir um vier Uhr früh aufstehen. Es war eiskalt, Raureif lag auf den Bäumen, die Pfützen waren gefroren. Wir klapperten mit den Zähnen, doch zu unserer Erleichterung klappte die Szene auf Anhieb.

Als wir danach erschöpft, aber glücklich in einem Restaurant aßen, entdeckte ich nebenan einen 100-Yen-Shop, also so etwas wie einen 1-Euro-Laden, in dem ich verschwand und lange Zeit später nur an den Haaren wieder herausgezogen werden konnte. Eine Wunderwelt tat sich vor mir auf, Berge von alten Kimonos, Haushaltsgeräte, Nippes. Der ganz normale Ramsch, der sich in allen Haushalten auftürmt. Aber hier war es japanischer Ramsch, der fremd und aufregend war. Ich bedauerte, dass ich keinen Container mit mir führte, um all diese Dinge einzusammeln. Also schaffte es am Ende nur dieser Teller, der es mir mit seiner robusten Alltagstauglichkeit angetan hatte, mit seiner flüchtigen Zeichnung von Rettich, Kürbis und Karotte und natürlich dem Ort, an dem ich ihn gefunden hatte, direkt unter dem Fuji.

Ich schleppte ihn durch halb Japan nach Hause, und weil er so robust ist, zerbrach er nicht. Seitdem benutze ich ihn fast täglich, nur habe ich mich seltsamerweise nie gefragt, was auf ihm steht, bis es mir eine japanische Freundin vorlas: »Gut miteinander zu sein ist schön.« Sie wusste auch, von wem der Satz stammt: von dem Schriftsteller Mushanokoji Saneatsu, der perfekt Deutsch gesprochen und mit den Malern von Worpswede einen Briefwechsel unterhalten hatte. 1918 gründete er in der Nähe von Tokio eine Landkommune. Deshalb das Gemüse. Mit einem Mal füllte sich mein Alltagsteller mit einer besonderen, großen Geschichte, die jedes Mal mit auf den Tisch kommt, zusammen mit den Erinnerungen an den Tag, an dem Elmar Wepper und Hannelore Elsner vorm Fuji tanzten und uns alle glücklich machten. Gut miteinander zu sein ist schön.

Bachmuschel

In dieser Muschel hebe ich meine Ohrringe auf. Sie stammt aus einem kleinen, verwunschenen See im Allgäu. Einem See wie aus dem Märchen. Er lag – und ich hoffe, er liegt noch – kreisrund inmitten von Wiesen, auf denen im Sommer so viele mir unbekannte Blumen blühten, dass ich beschloss, ihre seltsamen Namen zu lernen, die mich begeisterten: Günsel, Rainfarn, Schlangen-Knöterich, Barbarakraut und Bach-Nelkenwurz, Springkraut, Blutweiderich, Sommerwurz und Knabenkraut, Gänsefingerkraut und Ehrenpreis. Nur die Bauern und Dorfbewohner der nächsten Umgebung wussten von dem See. Er hatte keinen offiziellen Namen, er wurde von manchen der »bodenlose See« genannt.

Tatsächlich konnte man seinen Grund nicht sehen, so tief man auch tauchte. Das Wasser war moorig und seidenweich. Gelbe Seerosen blühten auf ihm, blaue Libellen schwirrten umher, die Luft war erfüllt von Grillengezirpe. Man musste durch Wiesen und Felder zu ihm wandern, und vielleicht blieb er deshalb verschont von großen Badegruppen. Ein netter Mensch hatte einen groben Holzsteg gezimmert, von dem man in den auch im Hochsommer ziemlich kalten See hüpfen konnte.

Die schönsten Badeerinnerungen von vor vielen, vielen Jahren verknüpfen sich mit ihm und dieser Muschel: flirrende Sommertage auf dem Steg, vom Schwimmen erschöpfte Kinder auf Badehandtüchern, die LTBs lasen, die *Lustigen Taschenbücher,* Bäuerinnen, die vom Heumachen kamen, von ihrem Trecker stiegen und in schlottrigen Bikinis und Badeanzügen direkt in den See sprangen, der Geruch von Autan gegen Bremsen, mitgebrachte Brezn, Pfirsiche und Aprikosen als Snack, eine rosa Kinderplastiksandale, die ins Wasser fiel und die ich wieder herausfischen und dabei in das tiefe, weiche Moor am Ufer steigen musste. Die Sandale fand ich nicht, aber ich stieß auf riesige, leere, braun gefärbte Muscheln mit schillernder Perlmutt-Innenseite.

Die Kinder nannten sie Dinosauriermuscheln, weil sie so groß waren. Wie ich lernte, handelte es sich um Bachmuscheln, die inzwischen als höchst gefährdet eingestuft werden. So wie eigentlich alles aus der Zeit: ein fast unberührter See, die vielen Insekten und Wiesenblumen, endlos lange, verplemperte Sonntage, *Lustige Taschenbücher,* Frauen in schlottrigen Bikinis und analoge Kinder.

Feuerwehrmütze

Diese seltsame Mütze fand ich in einem Secondhandladen in einem Stadtviertel Tokios, das sonst für sein Geschirr berühmt ist. Da ich ein strenges Verbot meiner Familie auferlegt bekommen hatte, keine weiteren Teller und Teetassen und Reisschalen aus Japan anzuschleppen, hatte ich tatsächlich nichts gekauft und fühlte mich unschuldig und rein, als ich auch schon in diesem kleinen Laden versank, der alte Textilien anbot.

Aus einem Haufen zog ich diese Mütze heraus und setzte sie auf. Sie war ein wenig kratzig und sehr schwer, sie roch diffus nach Rauch, als habe ein Kettenraucher sie getragen, ich sah nur aus einem schmalen Schlitz, den man auch zuklappen konnte. Also eine Komplettverhüllung. Ich sah mich schon, wie ich sie im Winter auf dem Fahrrad trug, bestens geschützt gegen Wind und Wetter, ich lachte und fragte den Verkäufer, für welche Anlässe diese Mütze denn wohl gedacht gewesen sei. Seine Antwort verstand ich nicht, er schrieb sie auf, es war eins der wenigen chinesischen Schriftzeichen, die ich beherrsche, endlich verstand ich: Feuer! Eine Feuerwehrmütze. Sie wurde in Wasser getaucht und klatschnass aufgesetzt, um sich so in das zu löschende Feuer zu stürzen. Und dann sagte der Verkäufer noch eine Zahl: 1923, das Jahr des großen Kanto-Erdbebens.

Es geschah zur Mittagszeit, als gerade überall in den alten Holzhäusern auf offenen Feuern gekocht wurde. In Windeseile breitete sich ein gigantischer Feuersturm aus, angefacht von einem nahenden Taifun. Die Stadt Tokio wurde fast vollständig zerstört. Der Verkäufer nickte ernst und sagte jetzt mit einem Mal auf Englisch: *»The hat saw it.«* Ich hatte immer noch die Mütze auf dem Kopf, der Verkäufer schrieb eine Zahl auf ein Stück Papier und hielt sie mir vor den Sehschlitz. Ich rechnete um, siebzig Euro für den Zeitzeugen einer Katastrophe, die Mütze eines vielleicht sehr tapferen Feuerwehrmanns, den ich so posthum noch ehren konnte, ich hatte jetzt kaum noch eine Wahl. Ich kaufte sie also und schleppte sie mit nach Deutschland. Die Familie verdrehte die Augen, aber es war immerhin keine weitere Keramik. Manchmal setze ich die Mütze kurz auf und bilde mir ein, den fast hundert Jahre alten Rauch und den Angstschweiß eines tapferen Feuerwehrmanns zu riechen. Vielleicht war es nur eine Geschichte, die mir der Verkäufer erzählt hat – aber sie ist nun in meinem Kopf und geht auch nicht mehr weg.

Balinesische Reisgöttin

Die Balinesen führen ein wirklich anstrengendes Leben. Rund um die Uhr und jeden Tag muss eine andere hinduistische Gottheit mit umfangreichen Zeremonien geehrt werden, müssen Tänze aufgeführt, Obstpyramiden aufgeschichtet, Opfergaben hergestellt werden. Kleine Opferkörbchen liegen überall, manchmal an schönen Orten, oft genug aber auch mitten auf der Straße im tosenden Verkehr, um wieder andere Gottheiten zu erfreuen oder zu beschwichtigen.

Die Körbchen werden vor Tagesanbruch hergestellt nach festen Arbeitsschritten, bestimmte Blüten müssen gepflückt und hineingelegt werden, bevor sie geweiht und verteilt werden. Frauen basteln sie, Männer weihen sie; und da die moderne Frau nicht alles schaffen kann, werden sie inzwischen schnöde getackert statt wie früher mit eigens dafür gesammelten Kiefernnadeln genäht. Die Götter scheinen ein Einsehen mit der Doppel- und Dreifachbelastung von balinesischen Frauen zu haben und akzeptieren diese Version. Touristen davon abzuhalten, sie als Andenken einzusammeln, oder sie von den heiligen und oft geheimen Zeremonien fernzuhalten ist ein weitaus größeres Problem. Am besten lädt man sie zu besonders endlosen, aber eher unwichtigen Zeremonien herzlich ein und gibt ihnen einen Vorzugsplatz in der brütenden Sonne, gleich neben den blutigen Hühneropfern. Und wenn das nicht hilft, bringt man sie mit stundenlangem Gamelanspiel um den Restverstand.

Da sie darüber hinaus aber alle, wirklich alle, eine wertvolle alte Holzskulptur einer Gottheit mit nach Hause schleppen wollen, muss man wohl oder übel im Akkord schnitzen, die Statuen raus in Sonne und Regen stellen, bis sie hübsch verwittert aussehen, und sie dann unter dem Motto *»one week antique«* verkloppen. Das gefiel mir so gut, dass ich diese Reisgöttin, die es so gar nicht gibt und die also garantiert nicht älter als eine Woche war, einfach mitnehmen musste. Sie altert jetzt von Woche zu Woche ganz wunderbar anmutig vor sich hin und bewacht sämtliche meiner Reisgerichte, besonders gern, wie mir scheint, Risotto *alla milanese*. Da lächelt sie immer so kryptisch.

Das Goldene Vlies

Meine Großmutter besaß ein unbequemes Sofa und eine kratzige goldfarbene Decke. Auf diesem Sofa sollte ich abends schlafen, während die Erwachsenen redeten und Wein miteinander tranken. Ich hasste das Sofa und die Decke, bis ich die *Sagen des klassischen Altertums* von Schwab geschenkt bekam und begriff, dass es gar keine kratzige Decke war, sondern das Goldene Vlies, das Fell des mythischen griechischen Widders, der fliegen und sprechen konnte. Von da an sprach das Goldene Vlies zu mir.

Es erzählte mir, dass Jason es unbedingt finden müsse, aber keine Ahnung habe, wo es sich gerade aufhalte. Die brennende Frage war also, wann Jason im Wohnzimmer meiner Großmutter auftauchen und sein Goldenes Vlies zurückfordern würde. Das konnte dauern, las ich, denn er hatte im Schlamm eine seiner Sandalen verloren, so wie ich ständig meine Flipflops, und irrte in der Gegend umher, säte Drachenzähne in den Garten meiner Großmutter, aus denen Krieger hervorwuchsen, die sich, weil Jason listig unter ihnen herumsprang, gegenseitig umbrachten. Er hätte nun einfach ins Haus kommen können, um mir das Goldene Vlies zu entreißen, aber wie ich dank Schwab wusste, musste er erst noch Medea kennenlernen und eine lange, komplizierte und blutrünstige Geschichte durchstehen. Mich auf das Sofa zu legen und mit der kratzigen goldenen Decke zuzudecken war lange für mich, wie ins Kino zu gehen. Der Höhepunkt des Tages. Ich brauchte nichts weiter als mein Goldenes Vlies. Keiner fragte mich, warum ich mit einem Mal so erpicht darauf war, auf dem Sofa und unter dieser Decke zu liegen, selbst im Hochsommer.

Als meine Großmutter starb und meine Mutter mich fragte, ob ich irgendein Andenken an sie haben wolle, wollte ich unbedingt diese Decke haben, die inzwischen löchrig und ein wenig unansehnlich ist, aber immer noch golden schimmert. Sie liegt jetzt auf meinem auch ziemlich unbequemen Sofa, und ich brauche sie nur anzuschauen, um ganz deutlich Jason zu sehen, wie er mit nur einer Sandale durch den Schlamm hinkt und immer noch sein Goldenes Vlies sucht. Eines Tages, davon bin ich überzeugt, wird er bei mir vor der Tür stehen.

Kunstkirschblüten

Ich habe eine Kirschblütenmanie. Die hatte ich schon immer. Auf dem Schulweg kam ich an einem Kirschbaum vorbei, und wenn er blühte, stellte ich mich darunter und ließ die rosa Blütenblätter auf mich herabrieseln und kam zu spät in die Schule. Mit meinem kleinen Kind pilgerte ich jedes Jahr zu einem ganz bestimmten Kirschbaum in München, rüttelte an den Zweigen und freute mich über sein begeistertes Aufjuchzen im Kirschblütenregen. In Japan ist, wie man weiß, die Kirschblüte das Symbol für Vergänglichkeit, die Schönheit des Augenblicks, den man nicht festhalten kann.

Dennoch stehen jedes Jahr Millionen von Japanern und Touristen unter den Bäumen und fotografieren die Kirschblüte, um sie ein für alle Mal festzuhalten. Als wir den Film *Kirschblüten – Hanami* drehten, trieb die Kirschblüte mich zur Verzweiflung, weil sie allen Vorhersagen zum Trotz einfach nicht aufblühen wollte. Im Fernsehen verbeugten sich die Kirschblütenvorhersager tief und baten um Verzeihung für ihre falschen Prognosen. Ich ging jeden Abend in den Yoyogi-Park, inspizierte die fest geschlossenen Knospen und flehte sie an, endlich aufzublühen, denn unsere Drehzeit lief ab – und was wäre ein Film mit dem Titel *Kirschblüten* ohne Kirschblüten? Im allerallerletzten Moment ließen sie sich erweichen, blühten strahlend auf – und der allgemeine alljährliche Kirschblütenrausch setzte ein. Verzückte Menschen, Lächeln, Heiterkeit und stilles Staunen. Aaah und oooh überall in der Luft. Auch später im Kino, als unser Film lief, denn der Schönheit der Kirschblüte kann man sich wirklich nicht entziehen. In Japan ist während dieser Zeit alles Kirschblüte: Es gibt Kirschblütentee und Kirschblütenkuchen, Kirschblüten auf Tellern, Tassen, als Lichtreklame und auf den Taschentüchern.

Als Andenken habe ich Kunstkirschblüten mitgebracht, mit denen Japans Straßen geschmückt werden. Sie blühen das ganze Jahr in meinem Badezimmer – total unvergänglich, stur im immer gleichen Augenblick.

Plüschmöwe

Wenn man der kleinen Möwe aufs Federkleid drückt, kreischt sie lautstark vor sich hin – und sofort bin ich an der Ostsee. Es ist warm, ein laues Lüftchen weht, die rosa Buschwindröschen blühen, das hellgrüne Strandgras raschelt im Wind, und das Wasser ist so himmlisch blau wie sonst nirgends auf der Welt. Glatt wie ein Spiegel, lädt es zum Schwimmen ein, weit, weit hinaus, und wenn man sich auf den Rücken dreht und treiben lässt, wölbt sich über einem ein Veilchenhimmel, und es kreischen die schneeweißen Möwen. So kann sie sein, die Ostsee. Ist sie aber meistens nicht.

Als Kind war ich mehrmals im Sommer dort, und meine Mutter verzweifelte. Alle fünf Minuten musste sie uns vier Kindern Wollpullover und Mützen anziehen, ihr banger Blick war stets nach oben in den Himmel gerichtet, denn öffnete sich in der bedrohlich dunkelgrauen Wolkenschicht mal ein klitzekleines blassblaues Loch, durften wir uns schnell ausziehen und kurz, ganz kurz nur, ins kalte Wasser rennen. Niemals durften wir die Haare nass machen wegen anschließender Erkältungsgefahr, es drohten Bronchitis und Lungenentzündungen. Mit blau gefrorenen Lippen mussten wir gleich wieder rein in ebenso blaue Frotteebademäntel, die meine Mutter für uns alle genäht hatte, und wurden fest gerubbelt, um wieder warm zu werden. Mit eiskalten Händen bauten wir Sandburgen, traten auf kühlschrankkühle angeschwemmte Quallen, mein Vater hielt sich mit Sandburgenbauen warm und sagte des Öfteren: »Die Möwen sehen alle aus, als ob sie Emma hießen.«

Meine Mutter studierte weiter den Himmel. Und schnell wieder die Mützen auf! Und die Jacken an! Irgendwann hatte sie es einfach satt, und meine Eltern beschlossen, von nun an alle Sommerferien ausschließlich im Süden zu verbringen. Italien. Spanien. Dreißig Grad. Jeden Tag Sonne. Alle Kinder wochenlang nur in der Badehose. Herrlich. Und dennoch habe ich nie dieses magische blaue Licht über der Ostsee vergessen – und die Schreie der Möwen.

Dr. Bronner's Magic Soap

Im College in Kalifornien lernte ich meine Freundin Nora kennen. Ich bewunderte sie sehr. Sie war so cool, so unangepasst, zog sich höchst seltsam an und kannte Dinge, die mir exotisch und absolut fantastisch erschienen. Sie benutzte ausschließlich eine Seife in einer Plastikflasche, die Dr. Bronner's Magic Soap hieß und mit der sie nicht nur duschte, sondern sich auch die Zähne putzte, Haare, Geschirr und Wäsche wusch oder die sie auf Insektenstiche tupfte.

Sie wurde nicht müde, diese Universalseife als Wunder zu preisen, und bald verwendete auch ich sie. Sie wurde 1858 von einem Deutschen in Heilbronn erfunden. Emanuel Heilbronner, der studierte Nachfahre, floh vor den Nazis nach Amerika, seine Eltern zögerten, blieben in Deutschland und wurden umgebracht. Das Letzte, was Emanuel von ihnen hörte, stand auf einer Postkarte: »Du hattest recht. Dein Dich liebender Vater.«

In den USA erfand Emanuel Heilbronner für sich eine ganz eigene Philosophie des Weltfriedens, die er *All-One-God-Faith* nannte und in langen Traktaten auf seine Seifenflaschen druckte. Wieder und wieder las ich sie unter der Dusche und wurde nie schlau draus. Ein moralisches ABC, das seine Quellen aus der jüdisch-christlichen Religion, aber auch von Rudyard Kipling und Mark Spitz bezog. »ALL-ONE OR NONE! ALL-ONE! LISTEN CHILDREN ETERNAL FATHER ETERNALLY ONE! EXCEPTIONS ETERNALLY? ABSOLUTE NONE!«

Heilbronner nannte sich nun Bronner und außerdem Rabbi und Doktor und wanderte für seine Ideen abwechselnd in den Knast und in die Psychiatrie, bis die Hippies in den Sechzigerjahren seine Seife entdeckten. Kein Hippie ohne Dr. Bronner's Magic Soap. Sie roch stark nach Pfefferminze und brannte wie Feuer, wenn man sie nicht stark verdünnte. Deshalb reichte sie ewig, und alles, alles roch nach ihr. Haare, Wäsche, Geschirr. Und meine Freundin. Als ich nicht mehr in Amerika wohnte, sondern nur noch ab und an zu Besuch kam, schleppte ich jedes Mal eine Flasche Dr. Bronner's Magic Soap mit nach Hause, an der ich dann daheim voller Sehnsucht roch, und konnte sofort die verquatschten Tage mit meiner Freundin heraufbeschwören, ihre Wohnung in SoHo mit der Badewanne mitten im Zimmer, in der immer eine von uns beiden saß und sich mit der Magic Soap wusch, während die andere daneben auf dem Herd kochte. Meine Freundin ist vor einem Jahr gestorben. Immer noch habe ich eine Flasche Dr. Bronner's im

Schrank. Und ab und zu öffne ich sie und rieche daran. Und da ist meine Freundin dann. *Hey, how is it going?*, fragt sie. *Hang in there, okay?* Okay. – Inzwischen gibt es die Seife auch bei uns.

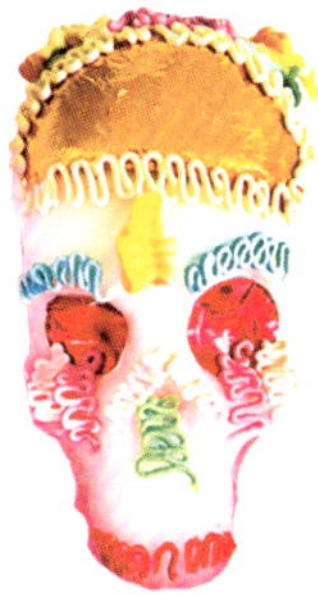

Der Totenschädel

Als ich zum ersten Mal den Tag der Toten, den *día de los muertos,* in Mexiko besuchte, stürzte ich fast über Mexiko-Stadt ab, weil unerwartet ein Flugzeug auf der Landebahn stand. Der Pilot zog das Flugzeug, in dem ich saß, steil nach oben, und ich war die Einzige, die vor Angst schrie, während meine mexikanischen Mitreisenden stoisch schwiegen.

Wenige Stunden später wanderte ich über die prächtig geschmückten Friedhöfe, bewunderte die Altäre mit den Lieblingsspeisen und -getränken der Verstorbenen, die mit knallbunten Blumen verzierten Gräber, die mit Tagetesblättern bestreuten Wege für die Toten. Ich staunte über Säuglinge in Skelettkostümen und tanzte mit einem als Tod verkleideten Menschen auf der Straße. Ich trank zu viel Mezcal, sang inbrünstig die Lieder der Mariachi-Bands auf den Friedhöfen mit und begann, mir einzureden, die Mexikaner hätten ein viel lässigeres Verhältnis zum Tod als wir. Nee, haben sie nicht. Sie bemühen sich nur tapfer um eine andere, schwer nachzuahmende Haltung. Sie verbindet, was bei uns als unvereinbar gilt: Heiterkeit und tiefe Trauer. Wie soll man das als Deutsche hinkriegen? Ich habe süße Brötchen verschlungen, die mit Knochen verziert sind und *pan de muertos* heißen, habe meine Berufsgruppe als Skelettversion erstanden und herzlich gelacht über einen kleinen, sich immer noch sehr wichtig nehmenden Knochenregisseur. Ich bin in ein U-Bahn-Abteil gestolpert, in dem nur Skelette saßen. Habe einen der *lucha-libre*-Kämpfe besucht, bei denen der Tod mit allen anderen ringt und unter Applaus gewinnt. Aber wie soll ich einen der hübschen Zuckerschädel mit dem Namen des Geliebten beschriften und ihn dann auch noch aufessen?

Ich kaufe gleich eine ganze Batterie und verschiebe es auf später, irgendwann … Als ich zu Hause ankomme, sind alle Zuckerschädel zerbrochen bis auf einen. Bis heute kann ich keinen Namen draufschreiben. Schaffe ich einfach nicht.

Zitrone

Und immer währt die Sehnsucht von uns Deutschen nach dem Süden, dem Land, wo die Zitronen blühen, nach Italien oder Spanien, wo schon das Wort »Zitrone« nicht so spitzmündig sauer klingt, sondern weich wie warmer Sommerwind: *limone* oder *limón*. Da ist ganz anderer Schwung drin, da verzieht es einem nicht das Gesicht wie einem Baby, dem man zur allgemeinen Erheiterung etwas Saures gibt. Sagen Sie mal *»limone«* – und Ihr Gesicht wird sich automatisch zu einem Lächeln verziehen. Vielleicht ein gequältes, weil diese notorische Sentimentalisierung des Südens ja auch ziemlich doof ist und die Ostsee bald heißere Sommer hat als die Adria – außerdem kenne ich Leute, die in Deutschland Zitronenbäume in Kübeln im Garten stehen haben, die sogar Früchte tragen. Aber … dennoch: Durch einen blühenden Zitronen- und Orangenhain zu gehen, die gelben und orangen Früchte vor einem kindermalkreideblauen Himmel zu sehen ist doch etwas anderes. Und dann eine Zitrone direkt vom Baum zu pflücken! Ich kann es nicht lassen. Wo immer es geht, hole ich mir eine Zitrone vom Baum und stecke sie mir in die Tasche und trage sie, vorbei am Kopfschütteln des Flughafensicherheitspersonals, zurück in mein graues Land. Noch so ein Klischee, aber meistens ist es wirklich bleiern grau verhangen, wenn ich mit der Zitrone in der Tasche aus dem Zitronenland zurückkomme. Ich rieche an meiner Zitrone, lahme Lebensweisheiten sind nicht weit, wie: Wenn das Leben dir eine Zitrone gibt, mach Limonade draus. Eher eine heiße Zitrone, denn meist befällt mich bei meiner Rückkehr fast wie zur Rache für meine gestohlenen Sonnentage eine fiese Erkältung. Ich presse meine geraubte, ganz und gar persönliche Zitrone aus, trinke sie in heißem Wasser und bilde mir ein, dass sie ganz anders hilft als eine gekaufte. *Sentimental value* nennt man das, den eingebildeten Wert, der immer größer ist als der reale. Je größer die Einbildung, desto größer der persönliche Wert. Ich bilde mir ein, dass ich im Süden ein lustigerer, freierer, großzügigerer Mensch bin, dass ich meine deutsche Rechthaberei und Prinzipienhaftigkeit ein wenig verliere, dass ich besser tanzen kann und überhaupt einfach besser aussehe, mir alles in allem so als Mensch und Frau besser gefalle. Als Erinnerung daran schleppe ich weiter Zitronen vom Süden in den Norden. Eine nach der anderen, bis im Norden endlich wahr wird, was im Süden so viel einfacher scheint: *smile.*

Shakuhachi

Als wir den Film *Grüße aus Fukushima* drehten, wohnten wir nur etwa zwölf Kilometer vom havarierten Atomkraftwerk entfernt in Containern, zusammen mit den Bauarbeitern, die die kontaminierte Erde abtrugen. In direkter Nachbarschaft gab es nur einen kleinen Supermarkt, einen Puff und ein Krematorium. Die Bedingungen waren also, gelinde gesagt, etwas schwierig. Ich brauchte irgendetwas, um mich zu beruhigen, und wusste nicht, was, da fiel mir ein Bericht über Zenmönche in die Hände, die Bambusflöte spielen, um so ihren Atem zu beruhigen und zu meditieren.

In einer Drehpause fand ich einen Flötenladen in Tokio, der diese knorrigen und sehr langen Flöten verkaufte. Die Verkäuferinnen warnten mich: Es sei unendlich schwierig, die Shakuhachi zu erlernen, und sie selbst würden es gar nicht erst versuchen. Das ermunterte mich seltsamerweise, weil es noch schwieriger erschien, als einen Film in Fukushima zu drehen. Ich bezahlte ziemlich viel Geld für eine Flöte, die ich wahrscheinlich nie würde spielen können, und zog von dannen, zurück in den Container in der Provinz Fukushima. Dort saß ich nun in jeder freien Minute in meinem etwa vier Quadratmeter großen Zimmer auf dem Bett (wo sonst?) und blies in meine Shakuhachi. Wochenlang, die gesamte Zeit, die wir dort zubrachten, bekam ich keinen einzigen Ton aus der Flöte. Keinen einzigen. Aber das beständige Ein- und lange Ausatmen beruhigte mich tatsächlich – oder ich bildete es mir zumindest ein. Als wir nach Tokio zurückkehrten, gab es eigentlich keinen Grund mehr, jeden Abend ergebnislos in meine Flöte zu blasen, aber ich konnte diese Gewohnheit nicht so schnell aufgeben, und eines Abends geschah das Wunder: Hoch über der Stadt, in einem Hotelzimmer im 44. Stock, kam plötzlich ein langer, wehklagender und wirklich erstaunlich schöner Ton aus diesem Stück Bambus. Ich war wie vom Donner gerührt und schwor mir, nie wieder mit dem Shakuhachi-Spiel aufzuhören. Kurz darauf hämmerte der Nachbar empört an die Wand. Jetzt, fast drei Jahre später, beherrsche ich sechs Töne. Es geht voran. Traditionell trugen die Zenmönche eine Art Bienenkorb auf dem Kopf während ihres Flötenspiels. So stelle ich mir jetzt manchmal freudig meine Zukunft vor.

Shisosamen

Alljährlich schickt mir eine treue Freundin aus Japan ein Tütchen mit Shisosamen, obwohl es sicherlich verboten ist. Ohne Shiso gibt es kein korrekt zubereitetes japanisches Essen, und sie kennt meine Vorliebe für die großen samtweichen Blätter, die jede Sushiplatte garnieren. Ich esse sie immer auf, und alle lachen über mich, denn sie sind eigentlich reine Dekoration. Aber Geschmack und Geruch sind unvergleichlich japanisch für mich – ein Blatt reicht, und ich stehe mitten in Shinjuku an einer Straßenkreuzung oder in einem Baumarkt in Kyoto. Dort habe ich mich bei schlechtem Wetter endlos herumgetrieben und viel über den japanischen Heimwerker und Gärtner gelernt. Zum Beispiel über die japanische Scherenmanie.

Für alles gibt es eine eigene Schere. Für das Beschneiden von Bonsais ganze Maniküre-Sets, aber ich habe auch städtische Gärtnertrupps dabei beobachtet, wie sie mit Scheren, so klein wie Nagelscheren, übermütige Grashalme abschneiden, die es wagen, an Bordsteinkanten hervorzuwachsen. Oder Kiefernfriseure, die Kiefernnadeln eine nach der anderen mit einer Spezialschere in Fasson bringen. Für diese Tätigkeiten gibt es auch im Baumarkt Arbeitskleidung, die so elegant aussieht, als sei sie von Comme des Garçons entworfen worden. Und in der riesigen Pflanzenabteilung vergleichen ältere Damen lange die Stiefmütterchen und Geranien und kaufen Samen für alle möglichen Gemüse und Kräuter. Eben auch für Shiso. Überall sieht man in Balkonkästen vor den Haustüren etwas sprießen und wachsen. Das ist oft der einzige Garten.

In Tokio in den kleineren Nebenstraßen genauso wie in den Notunterkünften in Fukushima werden die Balkonkästen liebevoll gehegt und gepflegt. Ein einziges Shisoblatt als Trost für die Verwüstung der Welt. Der große Vorteil der Shisopflanze ist, dass selbst einem Gartentrottel wie mir der Anbau gelingt. Dieser Triumph, dieses Glück, wenn ich das erste Blatt ernte und mir in den Mund stopfe! Es gibt Shiso unter dem Namen Perilla auch bei uns, aber das werde ich meiner treuen Freundin aus Tokio nie sagen.

Der Schwan

Andere werdende Mütter häkeln und stricken wie die Weltmeister für ihre ungeborenen Kinder, aber ich wollte meinem unbedingt ein Schlaftier nähen und sann lange nach, welches Tier das geeignete sein könnte. Ich kam über Bären, Hasen, Schafe, Küken auf einen Schwan, weil meine beste Freundin, eine Amerikanerin, mir den einzigen Satz, den sie auf Deutsch konnte, ständig ins Ohr sang: Mein lieber Schwan.

Aus einem alten weißen Frotteehandtuch nähte ich also einen Schwan für mein ungeborenes Kind. Ich bin keine gute Handarbeiterin, in der Schule bekam ich in Handarbeit immer schlechte Noten. Mein einziger gehäkelter Topflappen war krumm und schief und bereits schmuddelig vom langen Kampf mit Wolle und Häkelnadel, aber mit dem Schwan war ich ehrgeizig und gab mir die größte Mühe, und ich sah die tiefe Liebe zwischen Kind und Schwan bereits beim Nähen erblühen. Die Größenverhältnisse hatte ich allerdings nicht recht bedacht, wie ich nach der Geburt feststellte: Der Schwan war um einiges größer als mein Kind.

Ich verstaute ihn einige Monate, und als ich ihn dann zum ersten Mal hervorholte, fing mein Kind panisch an zu weinen. Also verschwand er wieder, dieses Mal so lange, bis mein Kind deutlich größer war als der Schwan, aber auch bei der nächsten Zusammenführung entbrannte keine Liebe, sondern höchstens mildes Interesse, und das, so hatte ich das deutliche Gefühl, auch nur eher mir zuliebe. Der Schwan wurde pflichtschuldig herumgeschleift und auch ab und zu mit ins Bett genommen, aber eher wie ein etwas lästiger Verwandter und nicht wie die große Liebe.

Die bekam ein ganz anderes Schlaftier, das ausgerechnet meine Freundin, die immer »Mein lieber Schwan« gesungen hatte, dem Kind schenkte. Dieses Tier wurde überlebenswichtig, Jahre verbrachten wir in der Angst, es zu verlieren. Fast jeden Abend wurde es händeringend gesucht. Der Schwan lag in der Ecke, unbeachtet, ungeliebt. Ich rettete ihn und nahm ihn bei jedem Umzug mit, und ab und zu singe ich ihm vor: Mein lieber Schwan.

Boxerstiefel

Diese Adidas-Schuhe habe ich 1982 in New York gekauft. Man nannte sie dort *Ädaidäs boxing boots*. Da ich durchs Leben tänzeln wollte, brauchte ich unbedingt dafür diese Stiefel mit hauchdünner Sohle, die eigentlich nur für den Ring gedacht sind und unter denen man auf der Straße jeden kleinen Stein spürt.

Es gab sie nur in einem Laden für Boxerbedarf. Ich weiß noch, wie ich ihn entdeckte, an einem sehr heißen Tag im August, einem sogenannten Hundstag, *a dog day*, der unangenehme Teil des Sommers in New York. Ich war schweißdurchnässt, und in dem Laden war es angenehm kühl. Schwere Jungs probierten gelangweilt Boxhandschuhe aus und beäugten mich misstrauisch bis amüsiert. Ich erklärte schüchtern, ich wolle unbedingt Boxerschuhe tragen wie sie, und hatte doch von Boxen keine Ahnung.

Mir fiel ein, dass ich gut zehn Jahre zuvor in Hannover mitten in der Nacht aufgestanden war, um den Jahrhundertkampf zwischen Joe Frazier und Muhammad Ali im Radio mitzuverfolgen. Das war eine Idee meiner Freundin gewesen, die der Meinung war, man könne damit Eindruck bei den Jungs schinden. So war es jetzt auch, nur eben ein paar Jahre später. Dazu kam die Tatsache, dass ich aus dem Land von Ädaidäs kam, das gab den Ausschlag. Rührend suchten sie nun nach der passenden Größe für mich, die sonst höchstens von Fliegengewichten getragen wird, wie sie mir erklärten. Ich bekam also meine Boxerstiefel und trug sie jahrelang fast jeden Tag, selbst im Winter, zum Arbeiten und zum Tanzen, für den Alltag und für fein.

Ich fühlte mich schnell und leicht mit ihnen, ich hatte das Gefühl, in meinem eigenen Leben herumtänzeln zu können, so zu tun, als würde ich zuschlagen, um dann abzuhauen. Dazu kaufte ich mir damals noch einen lila Boxermantel aus 100 Prozent Plastikseide, weil auf der Brust der Schriftzug »Everlast« prangte. Unwiderstehlich: die schnellen Stiefel und das Motto »hält ewig« als Rüstung. Beides hab ich immer noch, nur lege ich diese Rüstung nicht mehr so häufig an.

Feueranfacher

Mit meiner mexikanischen Freundin und ihrem sechs Monate alten Sohn besuchte ich vor ein paar Jahren Tikal, die antike Stadt der Maya in Guatemala. Das ganze Land war gerade in großer Aufregung, weil dem Diktator und Ex-Präsidenten Ríos Montt wegen Völkermord und Verbrechen gegen die Menschlichkeit der Prozess gemacht werden sollte. Sechsunddreißig Jahre hatte der Bürgerkrieg gedauert, fast 250 000 Menschen, zumeist Maya, waren ermordet worden. Der vergangene Horror und die Angst kamen wieder hoch, und die Hoffnung, dass endlich Gerechtigkeit hergestellt werde, war übergroß. Von nichts anderem war mehr die Rede.

Vielleicht lag es daran, dass wir in den Ruinen der fantastischen Tempel von Tikal fast ganz allein waren oder am Dauerregen oder aber daran, dass die Haupt-Drogenroute immer noch mitten durch den Dschungel nahe Tikal führte und die Drogenkriege in den Nachbarländern gerade eine neue Dimension erreicht hatten: Ich hatte, gelinde gesagt, Mühe, nicht in Panik auszubrechen. Aber meine Freundin schien selbst mit Baby auf dem Arm keine Angst zu haben, und so versuchte ich, wenigstens so zu tun, als hätte ich auch keine.

Wir übernachteten in einem kleinen Hotel am Rand des Dschungels, wo nach Sonnenuntergang der Generator abgeschaltet wurde.

Freundin und Baby schliefen sofort friedlich ein, ich dagegen war hellwach. Nie zuvor hatte ich eine so tiefe, undurchdringliche Dunkelheit erlebt. Fremde Tierschreie drangen aus dem Dschungel, ich bildete mir ein, Schüsse zu hören. Es gab nichts, was ein wenig Licht hätte spenden können, es gab keine Kerze, mein Handy war nicht geladen. Ich bekam wildes Herzklopfen und tastete mich nach draußen, wo in der Ferne eine kleine Gruppe von Leuten um ein Feuer saß, eine junge und eine alte Frau, ein Kind und drei Soldaten mit Maschinengewehren. Freundlich luden sie mich ein, mich zu ihnen zu setzen. Schweigend saßen wir zusammen, langsam beruhigte ich mich. Die alte Frau fächelte dem Feuer mit einem geflochtenen Strohwedel Luft zu und hielt es die ganze Nacht am Brennen.

Auf einem Markt kaufte ich mir später so einen Wedel, und jedes Mal, wenn ich damit in Deutschland das Kaminfeuer anfache, denke ich an die tiefschwarze Nacht von Guatemala.

Ríos Montt wurde zu achtzig Jahren Gefängnis verurteilt. Das ganze Land jubelte. Zwei Wochen später wurde das Urteil vom Verfassungsgericht wegen Verfahrensfehlern wieder aufgehoben.

Hades habili
SIZE
VERSION
L
NOKIA
8250
功能表

Jenseitsware

Ich habe mich immer schon für Beerdigungsriten interessiert und unsere unterschiedlichen Vorstellungen vom Jenseits. Bei den Beerdigungsinstituten in China habe ich Berge von Totengeld und kunstvolle Replikas aus Papier von allem, was Menschen in ihrem irdischen Leben an materiellen Gütern wichtig war, bestaunt. Da man in China glaubt, dass das Leben nach dem Tod genau so weitergeht wie bisher, braucht man dort eben auch alles wie zuvor. Also Häuser, Fernseher, Waschmaschinen, Küchengeräte, Autos, Smartphones und iPads. Dafür haben die Hinterbliebenen zu sorgen.

Und wenn möglich, soll alles noch ein bisschen besser und luxuriöser sein als zuvor, denn schließlich will man die Ahnen friedlich stimmen, damit sie gar nicht erst auf die Idee kommen, uns als Geister zu belästigen. Haufenweise

Geldscheine werden verbrannt, das ist das Mindeste. Früher gab es dazu Schuhe und Kleidung aus Papier, um nicht nackt und barfuß als hungriger Geist umherirren zu müssen. Aber von Jahr zu Jahr steigen nun die Ansprüche für das, was man im Jenseits dringend benötigt. Es soll schon zu Engpässen bei Geister-iPhones und Geister-Louis-Vuitton-Handtaschen gekommen sein.

Mich berühren diese Replikas unserer irdischen Wünsche, denn sie sind so fragil und absurd wie die Originale im Grunde genommen auch. Vor zwölf Jahren habe ich zwei dieser Papierexemplare mitgebracht, als Zusammenfassung dessen, was man als Frau oder als Mann fürs Glücklichsein unbedingt braucht. Für die Frau Perlenkette, goldene Armbanduhr, Brosche, hübsches Kleid, Handtasche und ein Handy. Für den Mann eine fette Golduhr – und das war es auch schon. Na ja, gerade noch Schlips und ein gebügeltes Hemd der Marke »Hades Habili«, wie man im Kragen lesen kann. Selbst im Jenseits also wieder das alte Märchen von der unersättlichen Ilsebill, die immer mehr haben möchte als ihr Mann … Aber wenn wir Frauen unser Telefon dabeihaben, können wir ja im Jenseits wie im Diesseits das Wohl der ganzen Familie weiterhin effektiv organisieren. Alles also wie gehabt. Und mit ein wenig Glück bekommen wir von den lieben Hinterbliebenen doch noch das neueste iPhone.

Das perfekte Messer

Von dem Zenpriester und Koch Edward Brown habe ich gelernt, dass man nur ein einziges gutes Küchenmesser braucht. Das wissen auch alle chinesischen Köche, aber ich hatte bis dahin Obst- und Gemüsemesser, Fleischmesser, Brotmesser, Fischmesser und so weiter in meinen Schubladen herumfliegen. Und nie das richtige Messer zur Hand, bis ich eben Edward traf. Er hat in den Hippiezeiten den Amerikanern beigebracht, Brot wieder selbst zu backen, weil er als Kind mit *wonder bread* aufgewachsen war, das man kaum essen mag, aber mit dem man sich zum Beispiel gut abschminken kann, weil es so weich und weiß ist wie Watte.

Später arbeitete er in einem der ersten vegetarischen Restaurants von San Francisco und brachte ein Kochbuch heraus. Inzwischen gibt er Kochkurse, in denen er die Welt des Zen über das Kochen erklärt – wie schon Zenmeister Dogen im 13. Jahrhundert in seinen Anweisungen für den Klosterkoch: »Überlass das Kochen nicht anderen, sondern benutz deine eigenen Hände, deine eigenen Augen, deine eigene Aufrichtigkeit. Behandle alle Lebensmittel so sorgsam wie deine Augäpfel. Bleib immer nur bei einer Sache. Verschwende kein einziges Reiskorn. Betrachte den Kochtopf als deinen eigenen Kopf und das Wasser als dein eigenes Blut. Verpass kein einziges Detail.«

Was für eine schwierige Übung. Anscheinend immer schon und vielleicht besonders jetzt, in unseren digitalen Thermomixzeiten. Das Messer, mit dem auch Edward Brown kocht, habe ich aus der Chinatown von San Francisco. Seiner Meinung nach das beste Messer der Welt. Das weiß ich zwar nicht, aber es stimmt, dass man mehr nicht braucht. Das Messer und die Entscheidung, es zu verwenden, indem man damit kocht.

Noch eine Weisheit von Zenmeister Dogen, der einen sehr alten, gebückten Mönch beim Pilzetrocknen antraf und ihn fragte, warum er denn keinen Helfer für diese harte Arbeit habe. Der Mönch blickte noch nicht einmal auf, sondern sagte: Der Thermomix bin nicht ich. Nee, hat er natürlich nicht gesagt. Er sagte: Andere Leute sind nicht ich.

Noch ein Schwan

Wie blöd kann man sein? Erst neulich habe ich kapiert, dass in Neuschwanstein das Wort Schwan steckt. Es war während einer Führung durch Neuschwanstein, der zweiten in meinem Leben, und ich konnte mich nur noch an das berühmte »Tischlein deck dich« erinnern, das direkt aus der Küche in den Speisesaal hochgefahren wird und das König Ludwig immer für mindestens drei Personen decken ließ, weil er, obwohl er stets allein aß, sich gern andere Gäste dazu vorstellte. Ungeduldig wanderte ich durch die Räume, das Schlafzimmer, das Ankleidezimmer, das Wohnzimmer, den Thronsaal, um dann enttäuscht festzustellen, dass das magische Tischlein sich gar nicht in Neuschwanstein befindet, sondern in Schloss Linderhof. Dort bin ich aber nie gewesen, in Neuschwanstein jedoch öfter.

Als meine Tochter sehr klein war, wohnten wir in einem Dorf nur zwanzig Minuten entfernt. Das Landleben, das im Sommer und Herbst das reine Glück gewesen war, entpuppte sich im Winter als eine überraschend dunkle und einsame Angelegenheit. Die Freunde aus der Stadt kamen nicht mehr, es fiel kaum Licht durch die kleinen Fenster des alten Hauses, mein Mann arbeitete im Ausland, es war unheimlich still, mir fiel die Decke auf den Kopf. Ich vermisste die Fremde und das Reisen. Also packte ich das Kind ein und fuhr mit ihm nach Neuschwanstein, setzte mich dort in ein helles und lautes Café unter lauter Japaner und Amerikaner und fühlte mich wieder in der Welt. Diesen Ausflug machte ich mehrere Winter lang. Mehr als 25 Jahre sind seitdem vergangen. Jetzt war ich wieder da. Statt japanischer schieben sich nun vorwiegend chinesische Touristen den Berg zum Schloss hinauf. Sie sind ungeduldiger und haben für langatmige Führungen keine Zeit. Sie machen Selfies vor Plakaten von Neuschwanstein, auf denen das Wetter sehr viel besser ist als meistens in der Realität. Ich machte es ihnen sofort nach, und das Foto wurde wirklich postkartenhübsch. Einer rief *»New-Swan-Stone!«* – und da fiel der Groschen. Ich lief sofort in den nächsten Andenkenladen und kaufte einen Plüschschwan, weil ich endlich den Schwan in Neuschwanstein begriffen hatte.

Umeboshi

In riesigen Plastikgefäßen schleppe ich Umeboshi aus Japan nach Deutschland, weil es hier einfach keine guten gibt. Ich bin süchtig nach ihnen, kaum ein Tag vergeht, an dem ich mir keine Umeboshi zwischen die Kiemen schiebe und in kleinen Schüttelanfällen ob ihrer sauren Salzigkeit oder salzigen Sauerkeit aufjauchze vor Glück. Umeboshi sind in Salz eingelegte aprikosenartige Früchte, die nur deshalb an Pflaumen erinnern, weil sie wegen der roten Shizoblätter, mit denen sie monatelang in einem Fass herumliegen, dunkelviolett sind. Ihr Geschmack ist mit nichts anderem vergleichbar, das ich kenne. Traditionell aß man in Japan zwei Umeboshi mit grünem Tee zum Frühstück, was einer kalten Dusche und einem liebevollen Tritt in den Hintern gleichkommt. Das Salzigsaure reißt einen aus der letzten Verschlafenheit, die Eingeweide schreien verdutzt auf, die Zunge wundert sich, und das Hirn murmelt »hoppla!«. Bezaubernd. Davon kann ich nicht genug bekommen. Überdies sollen Umeboshi rasend gesund sein, in ein Glas warmes Wasser gelegt und getrunken, fertig ist das japanische Aspirin. Bei der großen Sommerhitze lutscht man sie als Bonbons, und bei Schwangerschaftsübelkeit empfiehlt es sich, eine Umeboshi in den Bauchnabel zu legen. Ansonsten verpackt man sie zum Beispiel gern in einem Reisbällchen, einem Onigiri. Jahrelang habe ich wildfremde Menschen in den 24-Stunden-Läden angequatscht, in denen man auch ein frisches Oberhemd, Lippenstift und Feinstrumpfhosen, Porno-Mangas, Tee, Schokolade und Mikrowellengerichte bekommt, und habe sie gebeten, mir doch bitte, bitte die Umeboshi-Reisbällchen unter den vielen anderen mit Lachs, Algen, Thunfisch gefüllten herauszusuchen. So höflich flüssig konnte ich das natürlich nicht sagen, sondern ich habe *»Umeboshi kudasai«* vor mich hin gestammelt, »Umeboshi, bitte«, was oft zu panischen Fluchtreflexen oder wildem Gekicher und netten Unterhaltungen mit Händen und Füßen geführt hat, bis ich endlich das richtige Schriftzeichen gelernt habe und sie mir nun selbst herauspicken kann. Schade eigentlich.

Gurkenhobel

Für einen perfekten Gurkensalat braucht man einen perfekten Gurkenhobel – und der ist sehr, sehr schwer zu finden. Nur meine Mutter hat immer den perfekten Gurkenhobel in der Schublade und auch noch ein paar in Reserve für ihre vielen Töchter. Wenn ich sie besuche, bekomme ich den perfekten Gurkenhobel ins Gepäck gesteckt, der so perfekt ist, dass er mit großer Sicherheit bald nicht mehr hergestellt wird, sodass die Suche nach dem perfekten Gurkenhobel immer weitergeht. Der perfekte Gurkensalat muss nämlich eine ganz bestimmte Dicke der Gurkenscheiben aufweisen, weder zu dick noch zu dünn. Wenn sie zu dick sind, nimmt der Salat die Soße nicht richtig auf; wenn sie zu dünn sind, wird der Salat schlabbrig. Der Gurkensalat meiner Mutter hat mythische Dimensionen angenommen. Als Kinder machten wir uns über ihn her, als gäbe es nichts

Köstlicheres auf der ganzen weiten Welt. Meine Mutter stellte ihn immer schon auf den Mittagstisch, bevor sie den Rest des Essens fertigkochte, also gingen wir Kinder immer wieder am Tisch vorbei und fischten mit den Fingern unauffällig ein paar Gurkenscheiben heraus, wieder und wieder, bis dann, wenn das Essen endlich auf dem Tisch stand, der Salat schon sehr geschrumpft war und die Standardfrage gestellt wurde: »Wer hat vom Salat genascht?« Alle Kinder schüttelten heftig den Kopf, und jedes rief empört: »Ich nicht!«

Dieses Ritual gibt es immer noch, obwohl wir, nachdem wir doch gerade eben erst erwachsen geworden sind, bereits selbst aufs Alter zugehen. Unsere Kinder haben die Leidenschaft für den Gurkensalat ihrer Großmutter geerbt, und immer noch wird heimlich vom Salat genascht, und weil nur meine Mutter ihn so perfekt würzt, wird sogar die Salatsoße getrunken. In Wirklichkeit ist der Salat natürlich Nebensache, es geht um die Zeit, die man miteinander als Familie verbracht hat und verbringt, um Familienmythen und Familienrituale. Der Gurkensalat meiner Mutter kann gar nicht imitiert werden, auch wenn man den richtigen Gurkenhobel hat. Einer der ersten, die meine Mutter mir mitgab, hat schon lange keine Klinge mehr, und trotzdem hebe ich ihn auf. Weil es gar nicht um den Gurkenhobel geht.

Mañanita

Mañanita heißt auf Mexikanisch »Morgenstündchen« und ist der Name für einen kleinen Poncho, den man sich gleich nach dem Aufstehen in den empfindlich kühlen Morgenstunden umlegt, bevor die Sonne richtig wärmt. Er bedeckt Arme, Brust und Rücken, gerade so, dass man sich nicht erkältet. Ich liebe den Namen wie die Farben, und da die *mañanitas* in Mexiko an jeder Ecke verkauft werden, hatte ich im Handumdrehen drei, dann fünf, dann sieben – einen für jeden Tag und einer bunter und schöner als der andere. Sie sind von Hand bestickt. Überall sieht man Frauen, die sticken, manchmal auch Männer – nicht nur Peter Handke stickt! Oft werden runde Stickrahmen benutzt, die mich an den Handarbeitsunterricht in der Schule erinnern und meine kläglichen Versuche, mit Kreuzstich ein Taschentuch zu besticken.

In Mexiko ist Textil- und Stickkunst Volkskunst, die Muster berichten von den verschiedenen Landstrichen und Traditionen, von Flora und Fauna, oft auch von den Gefühlen und vom Leben der Stickerinnen. Zumeist sind es die Mütter, die die Muster weitergeben an ihre Töchter, die sie dann auswendig lernen und ohne Vorlage sticken können. In den Tierbildern verschmelzen reale Wesen mit Fabeltieren zu ganz neuen Welten. Während man schwatzt und anderen zuhört, träumt man sich stickend in eine andere Welt und protokolliert gleichzeitig die vergehende Zeit. Mich faszinierte die allgemeine Stickleidenschaft in Mexiko so sehr, dass ich einem alten Mann eine *aguja mágica,* eine magische Sticknadel, abkaufte, einen Stickrahmen und kleine Knäuel quietschbunter Wolle. Aber ach, die Nadel war nicht magisch, und ich fand mich genau dort wieder, wo ich mit zehn Jahren am Sticken gescheitert war: Die Stiche waren nicht gleichmäßig, der Faden war verdreht, die Spannung im Stoff zu hart oder zu schlapp, die Unterseite sah katastrophal aus. Schnell gab ich auf und freue mich umso mehr an meinen *mañanitas,* jeden Morgen aufs Neue.

Borotalco

Ein Leben ohne Borotalco ist für eine notorische Kleckerin wie mich undenkbar. Kaum trage ich ein weißes Hemd oder einen empfindlichen Stoff am Leib, schon kleckere ich. Obwohl ich weiß, dass ich gleich kleckern werde, und größte Vorsicht walten lasse. Zack, ist es passiert. Ich komm nicht dagegen an. Zum Glück gibt es das Wundermittel Borotalco. Zum ersten Mal Bekanntschaft damit habe ich vor vielen Jahren auf dem Filmfestival von Venedig gemacht. Alles war todschick: Ich war schick und sehr hell angezogen, wir gingen in ein sehr schickes Restaurant, es gab schick zu essen – und bäm, da landete ein Riesenklecks fettige Sauce auf meiner Bluse. Während ich noch entsetzt auf den Fleck starrte, kam schon ein Kellner angelaufen, auf dem Silbertablett eine grüne Dose Borotalco. Gewissenhaft wie ein Notarzt machte er sich ans Werk. Schüttelte die grüne Dose elegant wie einen Cocktailshaker und sprühte mir zielsicher weißen Talkumpuder auf den Fleck auf der Bluse, rieb ihn mit Daumen und Zeigefinger ein und bedeutete mir zu warten. Gehorsam saß ich da und rührte mich minutenlang nicht. Als der Fleck das Pulver aufgesaugt hatte, kam der Kellner zurück, stilvoll mit einem Silberschäufelchen und versilberter Bürste auf dem Silbertablett.

Mit ein paar wenigen, genau choreografierten, energischen Strichen bürstete er den Puder ab. Der Fleck war auf magische Art und Weise verschwunden. Der Kellner nickte zufrieden und trug den nächsten Gang auf. Ich war von der Prozedur so beeindruckt, dass ich versucht war, nun mit Absicht zu kleckern, um sie abermals erleben zu dürfen. Am nächsten Tag kaufte ich mir sofort meine erste Dose Borotalco, auf der eine Kinderschwester ein Baby herzt. 1878 wurde es in einer kleinen Apotheke in Florenz von Henry Roberts erfunden, bis heute kennt es in Italien jedes Kind. Fröhlich kleckerte ich von nun an vor mich hin, Panik brach nur aus, wenn der Borotalco-Nachschub zu Ende ging. Freunde und Verwandte aus Italien mussten es mir ständig mitbringen. Jetzt gibt es Borotalco natürlich längst im Netz. Ob das wunderbare Ritual in italienischen Restaurants noch existiert? Oder wird einem stattdessen nur noch ein Zettel mit der Web-Adresse in die Hand gedrückt? Wie schade wäre das!

Fuchsmaske

Ich habe schon als Kind Füchse besonders gemocht und mit ihnen hemmungslos sympathisiert, wenn wir sangen: »Fuchs, du hast die Gans gestohlen, gib sie wieder her!« Japan ist Fuchsland. Überall stehen Füchse als kleine Steinskulpturen vor den Shinto-Tempeln als Boten der Götter, sie tauchen auch als Geister auf, als *kitsune*. Der Fuchs in Japan ist schlau und listig wie bei uns, aber er kann dort auch seine Gestalt verändern und hat übersinnliche Fähigkeiten. Mit zunehmendem Alter wird er immer weiser, und ihm wachsen bis zu neun Schwänze, die er sorgfältig verbergen muss, was manchmal schwierig ist, und so kommt man ihm auf die Schliche. Wenn er so um die fünfzig Jahre alt ist, kann er sich in einen Menschen verwandeln, und da wählt er mit Vorliebe junge, hübsche Frauen, die er perfekt nachahmen kann. Man kann also bei keiner hübschen Frau ganz sicher sein, ob sie nicht eine Füchsin ist, besonders wenn sie sehr verführerisch ist. Schon manche haben aus Versehen eine Füchsin geheiratet, ihre Fuchsohren versteckt sie nämlich unter der weißen Brauthaube.

Andersherum läuft man als Frau Gefahr, von einem Fuchs besessen zu werden. Er schleicht sich über die Fingernägel oder die Brust ein und verändert das Aussehen der Besessenen so, dass sie ein wenig spitz wirkt. Sie verhält sich auch nicht mehr anständig, ist kein nettes Mädchen, sondern rennt nackt herum und schreit wilde Parolen, völlig außer Kontrolle, aber sie kann mit einem Mal auch andere Sprachen fließend sprechen und isst wahnsinnig viel, besonders gern Tofu, wie alle Fuchsgeister. Deshalb heißt eine besonders feine Nudelsuppe mit gebratenem Tofu *kitsune udon*. Bis ins 20. Jahrhundert galt die Besessenheit durch einen Fuchs als schwere Krankheit – klar, Frauen, die sich wild aufführen, müssen krank sein. Als erste Symptome zeigen sich Verfressenheit, Lust auf Süßes, eine gewisse Unruhe und allgemeine Aufsässigkeit. Da erkenne ich mich wieder! Ich setze meine Fuchsmaske auf, schreie ein bisschen wild herum und warte sehnlichst darauf, dass ich auf einmal perfekt Japanisch kann. Dauert anscheinend noch ein bisschen.

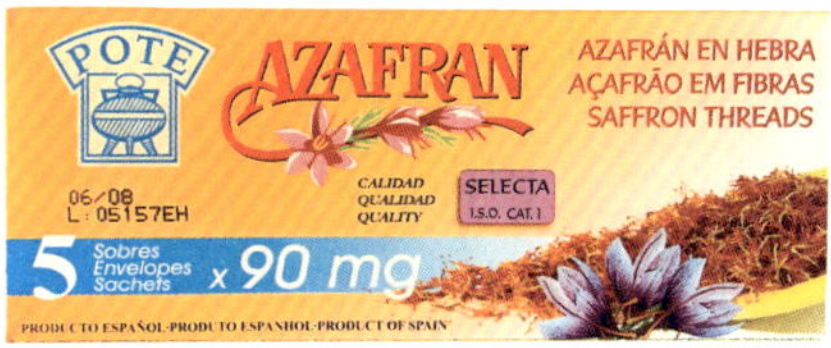

Safran

In jedem spanischen Supermarkt gibt es diese kleinen altmodischen Packungen Safran, weil jede Paella Safran braucht. Ich bin so sehr in die Farbe und den zarten, leicht süßlichen Geschmack vernarrt, dass ich jedes Mal *azafrán* mit nach Hause bringe, wie Safran auf Spanisch heißt und eigentlich arabisch ist. Es gibt ihn seit 5000 Jahren, und er war immer schon sehr teuer. Nur Zeus konnte es sich leisten, auf einem Bett aus Safran zu schlafen. Lange galt er als Aphrodisiakum und Opiumersatz. Im Mittelalter kursierten Gerüchte, dass Safran so fröhlich macht, dass man in großes Gelächter ausbricht; allerdings, wenn man es übertreibt, auch Gefahr läuft, sich totzulachen. Um ein Kilogramm Safran zu gewinnen, braucht man fast 200 000 Blüten, sie müssen mit der Hand gepflückt werden. Ein Pflücker schafft nur etwa achtzig Gramm am Tag. Dazu kommt, dass

Safran nur kurz blüht und auch nur einmal im Jahr. Also wirklicher Luxus. Deshalb wird auch gern geschummelt und Lebensmittelfarbe oder Kurkuma in die Paella gemischt. So wird sie auch gelb, aber eher orangegelb und nicht sonnengelb wie durch Safran – und sie schmeckt auch anders.

Allein das Wort Safran macht mich schon nostalgisch. Mir fällt der alte Kinderreim ein: »Eier und Schmalz, Zucker und Salz, Milch und Mehl, Safran macht den Kuchen gehl«, was ich als Kind nie verstanden habe, aber was wohl gelb heißen soll. Lange habe ich nicht gewusst, dass der leuchtend lila Krokus mit seinen gelben Blütenfäden, der bei uns im Herbst blüht und leicht mit der giftigen Herbstzeitlosen zu verwechseln ist, der Safran-Lieferant ist. Man könnte sich also auch bei uns im Herbst auf die Wiese legen und vorsichtig Faden für Faden ernten, riskiert damit aber bei Verwechslung einen schlimmen und schnellen Vergiftungstod. Ich öffne also lieber die dünnen Papierheftchen aus der spanischen Packung und lasse die hauchfeinen Safranfäden in den *risotto milanese* schweben, der wie die Paella darauf besteht, sonnengelb zu sein. Ich fange an zu lächeln, zu grinsen, zu kichern – Safran macht fröhlich. Funktioniert jedes Mal.

Ein Hase

Ich tat es wieder, obwohl ich mich nie wieder hatte hinreißen lassen wollen. An einem langweiligen Sonntagnachmittag auf dem Land las ich von einem Flohmarkt und war nicht mehr zu bremsen. Mein Mann kauft generell nicht gern ein, aber begleitet mich manchmal treu. Er gehört zu den Männern, die man in Klamottenläden sitzen sieht wie in einer Art Vorhölle, in sich zusammengesunken, ohne Hoffnung, aber stoisch, heldenhaft. Auf den Flohmarkt begleitete er mich nur unter der Bedingung, dass ich auf gar keinen Fall irgendeinen sinnlosen Schund kaufen würde. Eifrig versprach ich es ihm, denn ich hab wirklich zu viel unnützen Kram. Bei mir funktioniert das Prinzip der weltweit aufräumenden Bestsellerautorin Marie Kondo, nur Gegenstände zu behalten, die einem Freude bringen, ein bisschen zu gut. Für mich gilt: Je unnützer, desto schöner!

Lange hielt ich mich diszipliniert zurück – aber dann begegnete mir der Hase, und es war um mich geschehen. Eine Porzellankaraffe in der Form eines Hasen, der Karotten im Arm trägt – was könnte unnützer und schöner sein? Es kamen die üblichen Einwände meines Mannes: »Was willst du mit dem Ding? Du wirst nie Wasser daraus trinken!«, worauf sich die Verkäuferin einmischte: Man könne auch sehr gut Bier aus dem Hasen trinken, oder Fruchtsaft. Oder Möhrensaft, schlug ich vor. Mein Mann erinnerte mich an mein Versprechen, und ich steckte die fünf Euro, die der Hase kosten sollte (bloß fünf Euro!!!), zurück. Aber er ließ mir keine Ruhe. Wie kommt jemand auf die Idee, eine Porzellankaraffe in der Form eines Hasen herzustellen? Denkt er sich, es wäre einfach irre schön, aus dem Inneren eines Hasen Wasser zu schlürfen? Wie viele von diesen Hasen gibt es auf der Welt? Wer außer mir hatte sich bereits in diesen Hasen verliebt? Und wurde er aussortiert, weil seine bizarre Schönheit nicht mehr geschätzt wurde? Es half nichts: Ich musste ihn haben. Mein Mann ergab sich heldenhaft. Der Hase steht jetzt wunderschön und unnütz bei uns herum. Und ja, *it sparks joy*. Und zwar ständig und im Übermaß.

Teeflasche

Vor ein paar Jahren war ich in Peking im eiskalten Winter. Meine Übersetzerin trug an einer Schlaufe am Handgelenk eine Plastikflasche mit Tee herum, die sie niemals abzulegen schien und um die ich sie sehr beneidete. Überall gab es kochend heißes Wasser zum Nachschenken direkt aus dem Hahn: in der Universität, im Büro, selbst am Flughafen. Man bemerkte meine sehnsüchtigen Blicke, und ich bekam eine Flasche geschenkt. Ich entdeckte einen wunderbaren Buchweizentee, ließ stolz das heiße Wasser in die Plastikflasche laufen, aber hatte große Mühe, die Flasche elegant am Handgelenk zu tragen, ohne mich zu verbrühen. Die Hände meiner Übersetzerin mussten mit feuerfestem Material beschichtet sein.

Ich erinnerte mich, wie ich vor dreißig Jahren das erste Mal in Peking an der Filmhochschule war, auch im eiskalten

Winter, und dort schrecklich gefroren hatte, denn die Filmhochschule war ungeheizt. Alle Studierenden und Dozenten führten ein Marmeladenglas mit heißem Tee mit sich, das sie alle paar Minuten öffneten, einen kleinen Schluck nahmen und wieder zuschraubten. Auch damals schenkte man mir ein Glas mit heißem Tee. Eine Studentin gab es mir mit beiden Händen, ich nahm es dankbar entgegen und ließ es schreiend fast fallen, weil es glühend heiß war. Auch sie hatte wie alle anderen anscheinend Topflappen als Hände. Das Glas kühlte nie ab, denn ständig schenkte jemand heißes Wasser nach, wenn ich nur einen einzigen Schluck getrunken hatte. Um mich herum hielten alle Studierenden in endlos währenden Diskussionen mit beiden Händen ihr Marmeladenglas umfasst, als sei es ein permanentes Stövchen. Ich begriff, dass es vielleicht gar nicht so sehr um den Tee im Glas wie um die Heizfunktion des Marmeladenglases ging. Ich ging dazu über, mein Glas mit Handschuhen festzuhalten, was man befremdlich fand, aber ich hatte die chinesische Heizung begriffen.

Heutzutage ist überall so stark geheizt, dass einem der Schweiß ausbricht, aber auch dagegen soll ja heißer Tee am besten helfen. Um mich nicht dauernd zu verbrennen, steckte ich meine Plastikteeflasche in einen Strumpf, was meine Übersetzerin sehr zum Lachen brachte. Verrückt, diese Deutschen.

Zigarillo aus Kuba

1999 unternahm ich mit meinen Studentinnen und Studenten eine Reise nach Kuba. Wir hatten vor, mit kubanischen Kommilitonen zusammen Geschichten zu schreiben und kleine Filme zu drehen. Das stellte sich als ziemlich kompliziert heraus. Es gab nach dem Zusammenbruch der wirtschaftlichen Unterstützung durch die Sowjetunion Engpässe in der Versorgung. Die kubanischen Studierenden machten sich nie Notizen, schrieben nie etwas auf, und als ich sie nach Tagen fragte, warum nicht, antworteten sie, es gebe kein Papier. In dem Hotel, in dem wir wohnten, floss das Wasser innen von den Wänden, weil es keine Ersatzteile für die Wasserleitungen gab. Ich wurde deshalb umquartiert in eine Art Freiluftkabine auf dem Dach, die sehr früh am Morgen abgeräumt wurde für so etwas wie eine Parteiversammlung, zu der Menschen in Uniform erschienen, die sehr ernst und laut sehr wichtige Dinge diskutierten, während ich verschlafen im Nachthemd danebensaß, was aber niemanden störte.

Das Hotel hatten wir mit Frühstück gebucht, es gab eine imposante Frühstückskarte mit diversen Eierspeisen. Jeden Morgen aber erschien nach geraumer Zeit der Kellner in einer schneeweißen Schürze und verkündete: *»Huevos no hay.«* Es gibt keine Eier. Dafür hartes Weißbrot und Marmelade. Manche Studierenden meuterten und gingen heimlich in die teuren Touristenhotels, wo die Bufetttische sich bogen und Kubaner keinen Zutritt hatten. Andere nahmen es mit Humor und verstanden zunehmend die komplizierte Lebenslage ihrer kubanischen Kommilitonen. Immer wieder planten wir eine Exkursion aufs Land, die aber an Benzin und Transportmöglichkeiten scheiterte. Unverhofft klappte es dann doch, und ich sah ein paradiesisch schönes und fruchtbares Land. Die Erde tiefrot, die Pflanzen schimmerten in allen Grüntönen, überall Tabakplantagen und kleine Fabriken, in denen Frauen Zigarren und Zigarillos rollten. Wir unterhielten uns, und eine Frau berichtete, man habe ihre Mutter ins Gefängnis gesperrt, weil sie hundert Gramm Fleisch auf dem Schwarzmarkt gekauft habe. Fleisch sei ausschließlich Touristen vorbehalten. Sie kommentierte die Geschichte nicht, sie sah uns freundlich an, während sie sie erzählte, und schenkte mir zum Abschied diesen Zigarillo.

Hanabi

Als kleines Kind hat mich das jährliche Sommerfeuerwerk in den Herrenhäuser Gärten von Hannover begeistert. Kaum war es dunkel geworden, schienen fantastische bunte Bilder am Himmel auf, um mich herum stöhnten die Menschen verzückt oooh und aaaah, und schon versank alles wieder in tiefem Nachtschwarz, wie geträumt – nie war ich mir ganz sicher, es wirklich gesehen zu haben. Später verlor ich das Staunen und das Interesse, selbst Silvesterfeuerwerke berauschten mich nicht sonderlich, bis mich zum Abschluss von Dreharbeiten in Japan das Filmteam mit einem Spontanfeuerwerk überraschte. Offenbar war das Usus, und es schien eine perfekte Metapher zu sein für die intensiven, zusammen erlebten Wochen, kurz bevor wir auseinanderstoben und jeder wieder in seinem eigenen Leben versank. Das Feuerwerk anzuschauen, auf Japanisch *hanabi* (wörtlich: Blumenfeuer), hat eine ähnlich lange und tiefe Tradition, wie die Kirschblüten anzuschauen, *hanami*. Beide sind Symbole für Schönheit und Vergänglichkeit. Feuerwerke finden besonders im Sommer statt, ursprünglich sollten sie an die Opfer der tragischen Missernten und Hungersnöte von 1733 erinnern, aber schnell wurden sie so beliebt, dass man den Anlass vergaß. Auch wollte man das überflüssige Schießpulver loswerden, das sich in 250 Jahren Frieden angesammelt hatte. Statt Schwerter zu Pflugscharen wurde Schießpulver in immer mehr Feuerwerke verwandelt. Seither erblühen im Sommer die Feuerblumen am dunklen Himmel, und in ganz Japan erklingt ein Chor aus Ooooooooooooh- und Aaaaaaaaaaaaaaaah-Rufen. Im *hanabi* erlebt man gemeinsam das Glück, auf diesem Planeten zu sein und ihn in seiner ganzen Schönheit wahrzunehmen, auch wenn es nur kurz ist. Und als passende Dekoration hängen in den Geschäften und überall auf den Straßen Plastikfeuerwerke, die auch schön sind – und nie verglühen.

Babouches

Ich schlurfe in meinen Babouches, den traditionellen marokkanischen Pantoffeln, durch die Wohnung und sehne mich nach Minztee mit sehr viel Zucker, gleichzeitig erinnern mich diese Pantoffeln jedes Mal an eine spektakuläre Dummheit. Meine Freundin und ich waren eine Woche im Winter nach Marokko geflohen, und vielleicht lag es an unserer Begeisterung über die Sonne und die Farben, an den Souks mit allen möglichen Mitbringseln, Silberschmuck, Teppichen, Körben, Dschellabas, Babouches, die uns ganz schwindlig werden ließen. Ich brauchte ewig, bis ich mich endlich für diese Babouches entschieden hatte, am Ende waren wir beide fix und fertig. Nur so kann ich mir erklären, was dann geschah: Zur Erholung von unserem Kaufrausch machten wir einen kleinen Ausflug in den Atlas. Unser Fahrer war ein netter, dicklicher älterer Herr mit Brille. Wieso fanden wir ihn nett? Er erzählte von seiner Frau und seiner Tochter und fügte ungefragt hinzu, dass er auch im Haushalt helfe. Als wir die staubigen und lauten Vororte von Marrakesch hinter uns gelassen hatten, war es plötzlich einsam und still und schön, vor uns der schneebedeckte Gipfel des Toubkal. Unser netter Fahrer schlug vor, wir sollten doch ein wenig zu Fuß laufen, er werde uns dann wieder aufsammeln. »Sie können alles im Auto lassen«, sagte er noch. Fröhlich stiegen wir aus, ließen unsere Handtaschen mit Geld, Pass, Handy im Wagen und liefen los. Als wir schon ein ganzes Stück gegangen waren, fiel endlich der Groschen. Wie doof kann man sein? Wir hatten dem erstbesten Typen vertraut, weil er älter und dicklich war, eine Brille trug und behauptete, im Haushalt zu helfen? Wir hielten die Luft an, die hier oben sehr schön klar und frisch war, das muss man sagen. In der Ferne konnten wir das Auto noch sehen, es bewegte sich nicht. In unseren Köpfen ratterte es. Würden wir im Atlas verhungern? Verschleppt werden? Unsere Familien nie wiedersehen? In prachtvoller Dummheit standen wir da und konnten es nicht glauben, bis sich das Auto langsam in Gang setzte. Fuhr es davon? Nein, es rollte auf uns zu. Würde es an uns vorbeifahren? Nein, es hielt. Ungläubig stiegen wir ein. Der Fahrer lächelte. Unsere Menschenkenntnis hatte uns nicht getrogen. Er war nett. Er hilft im Haushalt. In meinen Babouches schlurfe ich in meine Küche und mache mir einen Minztee.

Kohl

Im Ausland werden wir gern als Krauts und Kohlköpfe bezeichnet. Den Namen eines deutschen Kanzlers konnte man sich deshalb besonders gut merken. Früher hieß es, »Das ist doch Kohl«, »Verkohl mich nicht«, was ein bisschen aus der Mode gekommen ist wie der Kohl selbst. Aber seit er auch bei uns nicht mehr Kohl heißt, sondern englisch *kale*, die Fermentierungswelle rollt und wieder eingemacht wird wie verrückt, ist er gerade ziemlich hip. Und seit eine Nonne aus Korea dank einer Netflix-Serie mit ihrem vergorenen Gemüse Weltruhm errungen hat, macht auch fast jeder Kimchi.

Kimjang heißt in Korea der Vorgang, Kimchi zusammen zu machen, es gilt als Akt der Herstellung von freundschaftlichen Verbindungen und ist Weltkulturerbe. Vielleicht sollten wir es mal mit Sauerkraut-Partys für mehr

Freundlichkeit versuchen. Wäre das nicht einen Versuch wert?

Im Ausland werde ich auf Sauerkraut angesprochen, als wäre es mein Leib-und-Magen-Gemüse und bereits deutsches Kulturerbe. In Japan, wo üblicherweise in den Vitrinen vieler Restaurants alle Speisen als Plastikversion zu besichtigen sind, was die Bestellung sehr vereinfacht, gibt es ein ganzes Stadtviertel, das sich auf Küchenbedarf spezialisiert hat. Dort bekommt man auch Spaghetti und Schwarzwälder Kirschtorte als Plastikversion, Weißwürste und Schweizer Käse. Aber ich entdeckte diesen täuschend echt nachgebildeten Kohl, den ich einfach haben musste. So fein und genau gearbeitet, dass man ihn auch aus nächster Nähe für echt hält. Ich strich lange um ihn herum, sein Preis war ehrlich gesagt ziemlich absurd, aber er schien mich so höflich zu bitten, ihn in das Land des Kohls mitzunehmen, dass er zu gern einmal sehen wollte, dass ich einfach nicht widerstehen konnte. In meiner Küche liegt er nun auf einem Teller wie der offizielle Kohl-Repräsentant Deutschlands mit anderem Obst und Gemüse, das öfter mal aus dem Ausland kommt. Geduldig erträgt er jede Gesellschaft, tut sehr lokal und sehr deutsch und verrät seine wirkliche Herkunft mit keinem Wort.

Tierteller

Flohmärkte machen mich nervös, weil ich weiß, dass ich mit Sicherheit Dinge kaufen werde, die kein Mensch braucht. Deshalb landen sie ja schließlich hier. Ich meide deshalb Flohmärkte, wo ich nur kann – außer im Ausland, wo ich sie stundenlang studiere wie eine Anthropologin. Ich erfahre Dinge über den Alltag und den Bodensatz jüngst vergangener Zeit des jeweiligen Landes, die mir kein Buch, kein Dokumentarfilm, keine wissenschaftliche Studie vermitteln kann. Ich inspiziere alte Küchengeräte und mottenzerfressene Klamotten, Vasen, Nippes, Schallplatten, Bücher, Kinderspielzeug, Hüte, Handschuhe, Sportgeräte und kehre Stunden später komplett erschöpft, aber mit tiefen Erkenntnissen zurück. Ich weiß dann zum Beispiel, dass es in fast jedem japanischen Haushalt eine handbetriebene Eismaschine gegeben haben muss. Oder dass man anscheinend früher in Spanien Unmengen an Spitzentischdecken hatte. Dass es in Mexiko sehr viele handbestickte Kissenüberzüge gibt, die keiner mehr sehen kann – außer die Touristen.

Manchmal verschlägt es mich aber doch auf einen heimischen Flohmarkt, und ich staune über so viele verstaubte Eichhörnchen, die traurig auf Ästen sitzen, Schallplatten von Mireille Mathieu, ausrangierte Lavalampen – und Tierteller. Überall standen bei uns anscheinend früher Tierteller auf dem Tisch. Besonders beliebt sind die Motive Wildschwein, Hase, Fuchs und Reh. Auf einem kleinen Flohmarkt im Allgäu konnte ich einfach nicht widerstehen: Ich kaufte ein ganzes Set, zu dem auch noch ein Fischteller gehört, den aber nie jemand haben will. Das brachte mich dazu, eine Familiengeschichte zu schreiben, in der jeder seinen festen Teller hat: der Vater das Wildschwein natürlich, die Mutter das Reh, die Kinder streiten sich um die restlichen Tiere. Die Geschichte wurde ein Drehbuch, das Drehbuch zu einem Film, wir brauchten viele Teller, denn sie werden im Verlauf der Geschichte zerdeppert. Flohmärkte wurden landauf, landab abgegrast, aber nirgendwo fanden sich meine Teller wieder. Am Ende mussten sie in Tschechien extra für uns hergestellt werden. Die, die wir nicht kaputt gemacht haben, bringen wir auf den nächsten Flohmarkt …

Ganesha

Der Hindu-Gott Ganesha hat es mir angetan. In Indien gibt es ihn an jeder Ecke zu kaufen. Ich habe mindestens fünf Exemplare. Er ist der liebenswürdigste und verfressenste Gott von allen, ein Quell fantastischer Geschichten, und wahrscheinlich liebe ich ihn deshalb: Er hat einen Elefantenkopf, weil sein Vater Shiva ihm vor Zorn den Kopf abschlug, als der kleine Ganesha die Badezimmertür seiner Mutter versperrte, denn sie wollte in Ruhe baden. Zuvor hatte sie sich ihren Sohn Ganesha heimlich selbst gebacken, und zwar aus ihrem Ohrenschmalz. Ist das nicht toll? Wer denkt sich so was aus? Nun war der Kopf ab, vor Schreck ließ Shiva sich den nächstbesten Tierkopf bringen, einen Elefantenkopf, den bekam Ganesha aufgesetzt, und alles war wieder gut. Mit seinem Rüssel konnte er jetzt noch besser in die Schüssel mit Süßigkeiten langen. Allerdings hat er nur einen Stoßzahn. Und das kam so: Einmal stürzte er über sein Reittier, eine Maus. Sein Bauch platzte auf, die Süßigkeiten polterten heraus. Mit einer Schlange band Ganesha sich den Bauch wieder zu, aber alle lachten über ihn, selbst der Mond. Da riss sich Ganesha einen Stoßzahn aus, schleuderte ihn auf den Mond und verdunkelte ihn.

Es gibt Hunderte von Geschichten über Ganesha, und immer ist er der Gott, der Hindernisse entfernen, aber auch schaffen kann. Da jede gute Geschichte Hindernisse braucht, die überwunden werden müssen, ist es nur logisch, dass Ganesha der Gott der Schriftsteller ist. Oft hält er eine Schreibfeder in einer seiner vielen Hände, während er gleichzeitig den Rüssel in die Süßigkeiten taucht. Naschen und schreiben. (Nicht *statt* schreiben den Kühlschrank leer fressen!) Ganesha ist zudem noch der Gott des Handels. Jeder Tag in Indien beginnt mit einem Gebet zu Ganesha, als Schriftstellerin lautet meins ungefähr so: Lieber, verehrter Ganesha, gib mir Inspiration für gute Geschichten und genug Süßigkeiten, lass mich furchtlos den ganzen Tag schreiben, räum mir alle Widerstände inklusive *writer's block* aus dem Weg, aber leg doch bitte Amazon ein paar Hindernisse in den Weg, damit der Buchladen um die Ecke überlebt, und sorg dafür, dass mein neues Buch auf die Bestsellerliste kommt. Alles klar? Danke. Bis morgen.

Ruchmehl

Jedes Jahr fahre ich im Sommer an einen magischen Ort in der Schweiz, hoch oben auf einen Berg, die Rigi. Dort geht man auf einem schmalen Weg zwischen gewaltigen Felsen durch ein Felsentor. Dahinter steht ein altes hübsches Hotel mit Blick auf die Berner Alpen mit Jungfrau und Mönch und den Vierwaldstättersee. Gleich neben dem Hotel befindet sich wie ein Wunder ein original japanisches Zen Dojo. Dort unterrichte ich zusammen mit einer befreundeten Zen-Priesterin Zen und Schreiben, und jedes Mal wieder packt mich dieser Ort so sehr, dass ich eigentlich das ganze Jahr an ihn erinnert werden möchte. Die vegane Küche ist toll, und das Brot, das jeden Tag selbst gebacken wird, unübertroffen. Vielleicht liegt es an der dünneren Luft, am Meditieren, am überwältigenden Rundumblick, an meiner permanenten Übermüdung durch das frühe Aufstehen – oder aber am Ruchmehl, einem Weizenmehl mit hohem Schalenanteil. Irgendwann rückten die Betreiber ein Rezeptbüchlein mit dem Brotrezept raus, für das es Ruchmehl braucht. Seitdem gehe ich jedes Mal nach dem Abstieg in den nächsten kleinen Laden am Fuß der Rigi und kaufe es mir, und kaum bin ich wieder zu Hause, backe ich Brot, was ja bekanntlich gegen jede Art von Blues hilft. Und weil es so köstlich ist, gebe ich Ihnen hier das Rezept weiter:

600 ml handwarmes Wasser, ein Päckli Trockenhefe in eine Schüssel geben. 60 g Haferflocken, 170 g Roggenvollkornmehl, 1 Handvoll Kürbiskerne, 40 g geschroteter Leinsamen dazugeben, danach 1 EL Salz, kurz umrühren. 300 g Weizenvollkornmehl, 550 g RUCHMEHL, 300–500 ml Wasser dazu, alles verrühren, bis der Teig wie MÖRTEL schwer vom Löffel fällt. Den Teig zugedeckt an einem warmen Ort zwei Stunden gehen lassen. Blech mit Backpapier belegen, den Teig in zwei Portionen auf das Blech löffeln, mit Mehl bestäuben, kurz ruhen lassen. Bei 220 Grad 45 Minuten backen. So. Jetzt können Sie natürlich googeln, wie man das Ruchmehl ersetzt. Oder Sie fahren in die Schweiz, auf die Rigi und wieder runter, und rein in den nächsten Laden und kaufen dort das Ruchmehl und fühlen sich irgendwie – urig.

Origami-Schnecke

Als ich mit meinem kleinen Kind nach Japan fuhr, überlegte ich, in welcher Sprache wir denn dort kommunizieren könnten, denn mein Japanisch war rudimentär (und ist es leider immer noch), und so beschloss ich, ein bisschen Origami zu lernen, kaufte Anleitungsbuch und Papier und brütete über den Diagrammen der Anleitungen, den verschiedenen Strichsymbolen für Knick und Gegenknick. Geduld war gefragt, nicht meine Stärke, und vor Wut schnauben ließ mich der Hinweis: Wer alle Regeln genau beachtet und sauber und sorgfältig faltet, wird sehr viel Freude mit den Ergebnissen haben. Erstaunlicherweise konnte mein Kind das alles sehr viel besser als ich, und wir meisterten vor der Abreise tatsächlich den Kranich. Meine Idee entpuppte sich als ziemlich genial, denn jeder, wirklich jeder lernt in Japan Origami schon im Kindergarten, und kaum packt man Origamipapier aus, fangen alle automatisch an zu falten.

Während ich in verschiedenen Unis irgendwas über den deutschen Film erzählte, verteilte meine Tochter Origamipapier an die Studentinnen und Studenten, und am Ende der Vorlesung sammelte sie ein unglaubliches Arsenal an Blüten, Drachen, Fröschen, Käfern, Heuschrecken, Schweinen, Vögeln, Pferden, Fischen, Mönchen, Reitern, Hunden und Schnecken wieder ein. Kein einziger Kranich war je dabei, als wolle man uns dieses Standard-Origami-Tier überlassen, und wenn mein blond gelocktes Kind einen Kranich überreichte, wurde es mit lauten Ohs und Ahs belohnt, manchmal kam es zu Tränenausbrüchen vor Rührung. Am Ende bewerteten wir die verschiedenen Unis nach den Origamifertigkeiten der Studierenden und unseren Lieblingstieren. Der absolute Sieger war die Schnecke. Schwierig zu falten und so hübsch mit ihrem runden Bauch, der am Ende aufgeblasen wird. Eine dieser Schnecken von vor mehr als dreißig Jahren hat in der Schublade überlebt, und ich habe inzwischen gelernt, sie nachzufalten. Ich benutze das Schneckenfalten als Beruhigungsmittel für die Wut über die Schnecken in unserem Gärtchen, gegen die kein Kraut und keine Mordmethode gewachsen ist. Immer wenn ich toben und schreien könnte, weil sie wieder jedes zarte Pflänzchen ausradiert haben, falte ich eine Schnecke, sauber und sorgfältig – und habe sehr viel Freude an dem Ergebnis.

Simit

In all den Jahren habe ich es nicht geschafft, einen krossen und leckeren Simit in Deutschland zu finden, nirgendwo, noch nicht einmal in Neukölln. Und ich habe wirklich gesucht! Keiner schmeckte richtig, und es fehlte auch die Umgebung: Es gibt einfach keinen Vergleich zu dem Sesamduft, der am Morgen in Istanbul um die kleinen glasverkleideten Verkaufswägen zieht, in denen die frischen, manchmal noch warmen Sesamkringel angeboten werden. Dazu ein Chai: das perfekte Frühstück. Und wenn dann noch die Möwen kreischen, man auf einer Fähre steht oder auf der Galatabrücke, den knusprigen Simit in der Hand, ist das Glück perfekt. Oder besser: Es war perfekt. Aus purer

Nostalgie habe ich mir gerade erst bei einem Zwischenstopp am neuen Megaflughafen in Istanbul sofort zwei Simit besorgt, einen gleich verschlungen, den anderen behutsam eingewickelt mitgenommen nach Deutschland.

Der Simit wurde schon vor 500 Jahren im Osmanischen Reich gebacken. Er ist das ehrenhafte Äquivalent zur bayerischen Brezn, ein ganz ähnliches Gebäck, nur glatte 500 Jahre jünger, das ebenso stur und beharrlich den korrekten Geschmack außerhalb der Heimat verweigert – auch wenn es überall angeboten wird. Ebenso wie der Bagel, der in Krakau erfunden wurde, nirgendwo auf der Welt so wunderbar schmeckt wie dort, aber als pappige Riesenversion überall durch die Welt geistert. Simit, Brezn und Bagel werden aus ineinander verflochtenen Teigwürsten gebacken. Sie sind sich so ähnlich und doch so verschieden – und einfach nicht reproduzierbar. Vielleicht brauchen sie einfach das Wasser, die Luft und die Sprache der Heimat, all die Erinnerungen ihrer Esser, die eben nicht beliebig sind, sondern tief verbunden mit dem ureigenen Kindheits-, Reise- und Sehnsuchtsort. Und so trage ich meinen Simit nach Deutschland und erinnere mich an Istanbul, diese unglaubliche Stadt, so frei, so hoffnungsvoll, so optimistisch, voller Energie und Neugier, Kreativität und Diversität. Wird schon wieder, flüstert mir der mitgebrachte, aufgetoastete Simit fern seiner Heimat zu, wird schon. Glaub an mich.

Eine Spinne

Als die berühmte riesige Spinne von Louise Bourgeois vor dem Mori Art Museum in Tokio ausgestellt wurde, verabredete ich mich besonders gern bei »Mutter«, denn die Künstlerin hat ihre Skulptur *Maman* genannt. Ich empfand es als sehr ermunternd, dass Bourgeois sie mit 88 Jahren angefertigt hat. Während ich zwischen den neun Meter hohen Spinnenbeinen wartete, unter dem großen Spinnenbauch, in dem sich 26 Marmor-Eier befinden, hatte ich genug Zeit, darüber nachzudenken, warum ich mich als Mutter und Tochter hier so zufrieden und aufgehoben fühlte. Als ich die Spinne das erste Mal in einer Ausstellung in Hamburg sah, musste ich spontan laut lachen. Ja, genau, dachte ich. Monstermutter. Jede Mutter ist eine Spinne, eine Monsterspinne. Ich habe mich nie vor Spinnen gefürchtet, selbst vor großen nicht, sie immer bewundert für ihre Webkunst und ihre Geduld. In London sah ich einen goldglänzenden Umhang aus Spinnenfäden, die fünf Jahre lang von fast hundert Menschen gesammelt worden waren; es wirkte, als habe die Spinne für sich selbst eine goldene Pelerine gewebt. Die Mutter von Louise Bourgeois arbeitete als Restaurateurin von Tapisserien und war also ständig mit Gewebe beschäftigt. Bourgeois sagte über ihre Skulptur: »Die Spinne ist eine Ode an meine Mutter. Sie war meine beste Freundin. Wie die Spinne war meine Mutter Weberin. Und wie eine Spinne war meine Mutter sehr schlau. Spinnen sind freundliche Wesen, die Mücken fressen. Wie wir wissen, übertragen Mücken Krankheiten, also sind Spinnen sehr hilfreich und beschützend, ganz wie meine Mutter.« Das Gegenteil einer Monstermutter. Als ich das Zitat von Bourgeois im Ausstellungskatalog las, lief ich sofort in den Museumsshop und erstand diese Spinne als handtellergroße Brosche. Ich trage sie oft, und sie sieht so echt aus, dass immer wieder erschrocken kurz gekreischt wird, und wenn ich dann sage: Sie heißt *Maman,* lachen alle, und ich erkläre, wie nett sie im Grunde genommen sind, die Spinnen – und die (meisten) Mütter.

El Santo

Ich fand Wrestling immer doof, bis ich nach Mexiko kam und zum ersten Mal mexikanisches Wrestling sah, *lucha libre,* den freien Kampf. Die Kämpfer tragen fantasievolle Masken und Kostüme und spielen Charaktere wie den Mysteriösen, den Blauen Dämon, den Schwarzen Schatten oder den Drachen, aber auch das HI-Virus oder den Tod. Sie folgen Drehbüchern, das Gute kämpft gegen das Böse. Es ist wahres Volkstheater, und ich wurde schnell süchtig. Kleine Jungen gehen mit ihren Vätern zu den Kämpfen am Nachmittag und tragen die Masken ihrer Lieblinge. Man schreit sich die Kehle wund und ist selig, wenn die Richtigen gewinnen. Vor den Arenen verkaufen Straßenverkäufer handgefertigte Masken. Bald besaß auch ich eine: die Maske von El Santo, dem berühmtesten Kämpfer von allen. Er hieß eigentlich Rodolfo Guzmán Huerta und trat 1942 zum ersten Mal mit seiner silbernen Maske als »der Heilige« an. Er wurde sagenhaft erfolgreich und zum absoluten Symbol für den Kampf um das Gute. Gleichzeitig blieb er geheimnisvoll, denn er setzte seine Maske niemals wieder ab. Auch zu Hause nicht. Es gibt Fotos von ihm vor dem Fernseher oder – mein Lieblingsfoto – an einem Bügelbrett, immer mit Maske. Bald spielte er auch in zahllosen Kinofilmen mit Titeln wie *Santo gegen die Zombies*. Nur ein einziges Mal, in einer Talkshow im Fernsehen 1984, nahm er ganz kurz seine Maske ab und zeigte sein Gesicht. Eine Woche später starb er und wurde mit seiner Maske begraben. Er ist immer noch allgegenwärtig, es gibt ein Denkmal von ihm in Mexico City, jedes Kind kennt ihn. Ich ging mit meiner El-Santo-Maske in die Kämpfe, lief mit ihr durch die Straßen, wie es die Kinder mit den Masken ihrer Lieblingskämpfer machen, und die Leute lächelten unwillkürlich, sprachen mich an und erzählten von ihren Erinnerungen an den großen, den unvergleichlichen El Santo. Unter seiner Maske wuchs ich selbst ein Stückchen, und jetzt sitze ich manchmal auf dem Sofa, setze die Maske auf, sehe fern und will die Welt retten.

Ägyptische Nilpferde

Als meine Eltern ins Rentenalter kamen, entdeckten sie das Töpfern. Sie belegten Kurse und lernten, an der Scheibe zu drehen. Im Handumdrehen produzierten sie enorme Mengen Schüsseln und Vasen und wussten bald nicht mehr, wohin damit. Mein Vater wünschte sich immer sehnlicher eine ordentliche Polterhochzeit, um all das getöpferte Zeug mit Lust wieder zerdeppern zu können, aber keine seiner vier Töchter tat ihm den Gefallen. Vor allem aus Platzmangel stieg er irgendwann um auf kleinere Gegenstände und formte nun vornehmlich blaue Nilpferde nach dem Vorbild eines altägyptisches Fayence-Nilpferds. Man kann es im Metropolitan Museum of Art in New York bewundern, es stammt aus der 12. Dynastie (ca. 1981–1885 v. Chr.). Als Nachbildung und Maskottchen des Museums – es hört auf den Spitznamen William – wurde es ein Riesenhit im Museumsladen. Hatte mein Vater es dort erstanden? Keiner in der Familie kann sich erinnern. Auf jeden Fall modellierte er unzählige kleine Williams, überzog sie mit der typisch türkisblauen Glasur und pinselte ihnen mit Hingabe die schwarzen Lotusblüten als Zeichen für Wiedergeburt auf den Bauch. Warum immer wieder dieses Nilpferd? Mein Vater, ein großer Fan des alten Ägypten, war mit meiner Mutter einmal an den Nil gereist und wusste mit Sicherheit, dass Nilpferde und andere kleine Tierfiguren zur Pharaonenzeit den Gräbern beigegeben wurden. Woran dachte mein Vater, wenn er immer wieder William knetete? Als wir nach dem Tod beider Eltern die elterliche Wohnung auflösten, nahm ich zwei kleine Nilpferde mit, und als ich noch einmal nachlas, was es mit ihnen auf sich hatte, stieß ich darauf, dass die ägyptische Göttin Taweret in der Form eines trächtigen Nilpferds als Geburtshelferin verehrt wurde. Das passt. Mein Vater war Frauenarzt und Geburtshelfer, so stand es auf dem Schild an seiner Praxis. Über zweitausend Kindern hat er auf die Welt geholfen. Wahrscheinlich waren es auch fast so viele Nilpferde.

Alpargatas

Ich habe, ganz untypisch für mein Geschlecht, einen Schuhtick. Nichts verändert mich so sehr in meinem Wesen wie ein paar Schuhe. Ich bin eine völlig andere, wenn ich in marokkanischen Babouches, in Turnschuhen, Stöckelschuhen, Gummistiefeln, Riemchensandalen, Birkenstocks oder eben in Alpargatas über diesen Planeten wandle. Oft werden sie als Espadrilles bezeichnet, aber in Spanien lächeln die Verkäufer selig, wenn man sie Alpargatas nennt, obwohl sie in Katalonien, wo sie ursprünglich herkommen, anders heißen, nämlich Espardenyes. Meine allerersten Alpargatas kaufte ich als junge Frau in Pamplona, wo ich am Nachmittag in der Arena heulend die Stiere sterben sah und abends Hemingway las. Es war so heiß, dass mir auf dem Asphalt die Gummisohlen meiner Turnschuhe schmolzen, daraufhin kaufte ich mir die dort von allen getragenen

Sommerschlappen in Feuerrot und kam mir sofort total spanisch vor.

Der Hang, lokal bevorzugte Schuhe zu tragen oder mich in ein typisches Gewand zu hüllen, befällt mich seitdem zuverlässig – lange bevor es den Begriff der *cultural appropriation* gab. In Indien fiel ich, kaum angekommen, in einen Sari-Laden ein und kämpfte mit Unmengen von Stoff, den ich mir unfachgemäß um den Körper wickelte, verstand aber, wie praktisch dieses Kleidungsstück gegen Sonne und Mücken ist. Ich sorgte für Gelächter und Korrekturen von mitleidigen Frauen, aber bekam so jede Menge Kontakt. Desgleichen in Japan, wo mein Yukata so oft korrigiert wurde, bis ich endlich verstand, dass nur Gespenster ihn rechts herum zubinden. In Mexiko nickte man mir in meiner bunten Mañanita freundlich zu, in Südafrika lernte ich zwanzig verschiedene Weisen, einen Turban zu wickeln. Ja, das kann man auch kulturelle Aneignung nennen, aber ich verstehe eine andere Kultur ein wenig besser, wenn ich ein paar Schritte in des anderen Gewand oder Schuhen gehe. In meinen Alpargatas verstehe ich auch, dass sie für extreme Hitze taugen und sich, wenn ich sie nach Deutschland entführe, beim ersten Regen in null Komma nix in tonnenschwere Klumpen verwandeln. Manche Dinge sollte man einfach besser dort lassen, wo sie zu Hause sind. Und dennoch bringe ich sie immer wieder mit. Zumindest trage ich in München höchst selten einen Sari. Dafür erfreue ich mich jedes Jahr zum Oktoberfest an Touristen aus aller Welt in Lederhose und Dirndl.

Buddha

In Kyoto in Japan zog ich einen ziemlich ramponierten kleinen Holzbuddha aus dem Müll. Er rührte mich, weil er unbewegt und geduldig dalag, wie es so seine Art ist, obwohl ihm eine Hand und ein Fuß fehlten. Beides konnte ich noch auffinden und versuchte, ihn zu reparieren, recht ungeduldig, wie es leider meine Art ist. Der Hausmeister meiner Unterkunft beobachtete mich zufällig und bot seine Hilfe an. Mit verblüffend zärtlicher Hingabe klebte er Hand und Fuß perfekt wieder fest. Während ich ihm dabei zusah, fiel mir das berühmte Koan von Meister Lin Chi aus dem neunten Jahrhundert ein, das besagt, dass man den Buddha töten soll, wenn man ihm auf der Straße begegnet. Man soll keinen religiösen Fetisch aus ihm machen, weil das der Essenz der buddhistischen Lehre widerspricht. Man soll den Buddha nicht außerhalb suchen, sondern in sich selbst finden. Und als ich noch darüber nachdachte, schien sich der Hausmeister vor meinen Augen durch seine liebevolle Fürsorge für den kleinen kaputten Holzbuddha immer mehr in einen lebendigen Buddha zu verwandeln. Er fing buchstäblich an zu leuchten. Als wir den Film *Grüße aus Fukushima* in der von Erdbeben und Tsunami zerstörten und radioaktiv verseuchten Region drehten, fiel mir der Hausmeister wieder ein, und ich bat den Filmausstatter um einen kleinen Holzbuddha mit abgeschlagenem Kopf. Die junge Deutsche, die in der Geschichte einer alten, ziemlich grantigen Japanerin hilft, ihr Haus wieder herzurichten, findet ihn in den Trümmern. Sie klebt seinen Kopf mit einem Kaugummi fest und überreicht ihn dem alten Drachen. Die schaut ihn an – und in einer Millisekunde verwandelt sie sich, wird ganz weich und freundlich. Sie befreit ihn vom Staub, tätschelt ihn liebevoll und stellt ihn vorsichtig wieder in ihren kleinen Altar. Das war gar nicht von mir inszeniert, sondern passierte ganz automatisch. Vielleicht geht es gar nicht darum, den Buddha zu töten, wenn man ihn trifft, sondern sich durch ihn verwandeln zu lassen. Bei manchen dauert diese Verwandlung nur ein bisschen länger. Den kleinen reparierten Holzbuddha aus Kyoto betrachte ich jeden Tag beim Zähneputzen – und warte geduldig.

Der Teppichklopfer

In einem Abbruchhaus in Bayern fand ich einen sehr gut erhaltenen alten Teppichklopfer aus Rattan und nahm ihn mit. Plötzlich hörte ich wieder dieses dumpfe Duff-duff-duff, das früher aus den Hinterhöfen schallte. Teppiche und Decken wurden über Metallstangen gehängt und von den Frauen mit sehr sportlichen Hieben ausgeklopft. Ihre Kinder mussten die Teppiche ein wenig abhalten, um den Staub besser entweichen zu lassen, und ab und an bekamen sie selbst den Teppichklopfer ab.

Manchmal sieht man diese Teppichstangen noch zwischen Häuserzeilen im Grünen. Unnütz stehen sie herum, schon immer waren sie zu hoch, um als Reck zu dienen. Weil niemand mehr Teppiche ausklopft, gibt es natürlich auch keine Teppichklopfer mehr. Ich hatte schon ewig keinen mehr gesehen. Aber der Grund, warum ich ihn mitnahm, war kein nostalgischer: Er erinnerte mich an Srivatsa, den unendlichen Knoten im Buddhismus. In buddhistischen Tempeln überall in Asien war er mir begegnet – als Symbol für Unendlichkeit, für die Verbundenheit aller Dinge und damit auch für das Gesetz von Ursache und Wirkung.

Mein Teppichklopfer verbindet mich also mit den Teppichklopferinnen im Hinterhof von Hannover, wo ich aufgewachsen bin, und mit den Nonnen in Klöstern, die ich in Japan, Bhutan, Thailand und Vietnam besucht habe. Er zieht eine Verbindung zwischen meinen begrenzten Fähigkeiten als Hausfrau und deutlich besser entwickelten Fähigkeiten als Flaneuse, was früher eine ausschließlich männliche Tätigkeit war. Der Flaneur klopft keine Teppiche aus. Er schweift umher und lässt sich inspirieren. Ha! Das wollte ich sein! Ursache und Wirkung: Ich wollte nie, nie Teppiche aus der Wohnung schleifen und ausklopfen und dann wieder reintragen; ich wollte überhaupt keine Teppiche haben, sondern nur auf einem fliegen. Inzwischen habe ich gelernt, dass auch ein fliegender Teppich ab und zu ausgeklopft werden will. Mein Teppichklopfer hängt bei mir an der Wand, damit er mich wieder und wieder lehrt, dass alles zusammenhängt.

Inhalt

240 Seiten
Auch erhältlich als eBook und Hörbuch-Download

Der Held muss in die weite Welt hinaus und Abenteuer erleben, um ein Held zu werden – und eine Geschichte zu haben. Und was ist mit der Heldin? Doris Dörrie erzählt von drei Reisen – nach San Francisco, nach Japan und nach Marokko – und davon, als Frau in der Welt unterwegs zu sein. Sich dem Ungewissen, Fremden auszusetzen heißt immer auch, den eigenen Ängsten, Abhängigkeiten, Verlusten ins Auge zu sehen. Und dabei zur Heldin der eigenen Geschichte zu werden.

288 Seiten
Auch erhältlich als eBook, Hörbuch und Hörbuch-Download

Schreiben heißt für Doris Dörrie, das eigene Leben bewusst wahrzunehmen. Wirklich zu sehen, was vor unseren Augen liegt. Oder wiederzufinden, was wir verloren oder vergessen haben. Es ist Trost, Selbstvergewisserung, Anklage, Feier des Lebens. Doris Dörrie denkt in diesem einzigartigen Buch über das autobiographische Schreiben nach, gibt Tipps und kreative Anleitungen. Und sie legt gleich selbst los und erzählt hinreißend ehrlich von ihrem eigenen Leben.

Roman
Aus dem Französischen von Anabelle Assaf
240 Seiten
Auch erhältlich als eBook und Hörbuch-Download

Zwei Paare und fünf Kinder in einem alten Haus mitten im kanadischen Wald. Die Pandemie hat sie aus der Großstadt vertrieben, und sie lernen in der Wildnis eine neue Sprache: die der Schmetterlinge, des Farns, der Nattern und der Bäume. Anaïs, die Erzählerin, kennt diesen Ort seit ihrer Kindheit, Erinnerungen und Geschichten umschwirren sie. In einem Moment der existenziellen Verunsicherung schöpft sie Kraft aus der ungestümen, lebendigen Schönheit der Natur und bahnt sich neue Wege – als Mutter, als Künstlerin, als Liebende, als Frau.

Foto: Mathias Bothor/Photoselection

DORIS DÖRRIE, geboren in Hannover, studierte Theater und Schauspiel in Kalifornien und in New York, entschloss sich dann aber, lieber Regie zu führen. Parallel zu ihrer Filmarbeit (u. a. *Männer, Mitten ins Herz, Kirschblüten – Hanami*) veröffentlichte sie Kurzgeschichten, Romane, ein Buch über das Schreiben *(Leben, schreiben, atmen)* und Kinderbücher. Sie leitet den Lehrstuhl ›Creative Writing‹ an der Filmhochschule München und gibt immer wieder Schreibworkshops. Sie lebt in München.